서대포집
7752
酒
대포집
갈매기
목 살
산오징어

KIMCHI

AE JIN HUYS

KIMCHI

GESUNDE KOREANISCHE KÜCHE MIT FERMENTIERTEM GEMÜSE

PRESTEL
München · London · New York

4 5

Die koreanische Küche – ein verborgenes Juwel

Wenn man die Welt aus dem Blickwinkel eines Europäers betrachtet, scheint die geografische Lage Koreas unklar zu sein und seine Küche noch weit mehr. Europäer kennen zwar Mobiltelefone von Samsung, können aber nicht genau sagen, wo sie hergestellt wurden. Wann immer es in Nachrichten oder Gesprächen um Korea geht, bekommt man leicht den Eindruck, das Land wäre gerade erst unabhängig geworden, würde in einem entlegenen Winkel Chinas liegen oder ist ein Teil Japans.

Mit gleicher Unwissenheit wird auch die koreanische Küche behandelt: Viele kennen sie nur als Essen aus einem großen Kessel, gekocht von einer fremden Hand. Oft haben sie nur eine flüchtige Vorstellung von der Fülle, die Korea zu bieten hat: eine elegante, geschichtsträchtige Sprache, reiche kulturelle Bräuche und eine vielseitige Küche, die eng mit der vielfältigen Landschaft verbunden ist. Dennoch denken die meisten Menschen beim Wort „Korea" eher an 방탄소년단 (BTS, die Bangtan Boys) und andere Popstars, die *Hallyu*, die sogenannte Koreanische Welle, hervorgebracht hat. Koreanisches Essen ist zugleich dynamisch und traditionell, hält aber auch Unerwartetes bereit.

Betrachtet man die vielen Esslokale Seouls genauer, wird schnell deutlich, dass sich die Küchenchefs gerne auf Einflüsse fremder Küchen einlassen. Es gibt sogar einige Feinschmeckerlokale, die im Guide Michelin aufgeführt sind – was die meisten Koreaner aber nicht wissen, da nur wenige ihn lesen. Korea ist ein wahres Paradies für Streetfood-Liebhaber. Dies bedeutet jedoch nicht, dass es dabei immer unhygienisch zugeht. Was genau die koreanische Küche ausmacht, lässt sich nur schwer in Worte fassen. Vielleicht ist es gerade diese Undefinierbarkeit, die sie so attraktiv macht: Eine Küche, die aus eigener Kraft wächst, indem sie sich über die Grenzen der kulturellen Traditionen, die auch heute noch gelebt werden, hinwegsetzt.

Ae Jin (die Autorin dieses Buches) wurde in dieses unbekümmerte Land hineingeboren und saugte all dies in sich auf. Sicherlich wird sie viel Geld mit koreanischem Essen verdienen, schon alleine deswegen, weil es einfach köstlich ist.

PARK CHAN IL
Kolumnist, Kochbuchautor, Küchenchef

INHALT

KOREANISCHE GERICHTE

Schicksalskinder

Es war kein Zufall, dass wir ausgerechnet zu diesem Zeitpunkt in der Küche zusammensaßen. Das Schicksal schlug auf eine überraschende und positive Weise zu: Ae Jin und ich waren seit etwa einem Jahr ein Paar, als ich im Internet entdeckte, dass eines meiner Lieder, „Cruisin", durch einen Werbespot in Südkorea – das Heimatland meiner Geliebten – bekannt geworden war.

So wurde im Laufe der folgenden Jahre Südkorea unsere zweite Heimat. Wir nahmen dieses einzigartige Zusammentreffen unserer beiden Geschichten dankend an. Und das Wichtigste: Ae Jin war wieder dort, wo sie aufgewachsen war. Nach dem Tod ihres koreanischen Vaters war sie im Alter von vier Jahren von ihrer Stiefmutter in ein Waisenhaus gebracht und ein Jahr später von einem belgischen Ehepaar adoptiert worden. Jetzt, so viele Jahre später, weckten die typischen Gerüche in den Straßen Seouls und die Aromen der koreanischen Küche Erinnerungen an ihre Kindheit. Ein neues Kapitel in unserer beider Leben hatte begonnen.

Erst in Südkorea lernte ich Ae Jin wirklich kennen – und sie sich selbst ebenso. Es war die koreanische Küche, die ihre Identität zur Entfaltung brachte. Mir fiel auf, wie sehr ihre Charaktereigenschaften und ihr Verhalten denen unserer koreanischen Freunde entsprachen – wie stark doch die Gene sind. Bei Treffen mit anderen Köchen knüpfte sie auf sehr spontane und natürliche Weise Kontakte, und während ihrer Recherchen nach der Philosophie und den Ursprüngen der koreanischen Küche erkannte ich die Grenzenlosigkeit ihres Interesses und ihrer Leidenschaft dafür.

Der Name „Ae Jin" bedeutet „wahre Liebe" und unsere Liebe gedieh immer weiter – die Liebe füreinander und für Korea. Die Liebe für die koreanische Kultur, für die Stadt Seoul und ihre Kontraste zwischen Alt und Neu, für den ländlichen Charakter und die Natur von Jirisan, Gangwon-do und Jeju, für die gastfreundlichen Menschen, für die unendlich vielseitige Küche … Wir kosteten alles gemeinsam aus – als Schicksalskinder.

FREDERIK SIOEN
Musiker

Es waren besonders die Gerüche und Aromen aus längst vergangenen Zeiten, die mich in meine Kindheit zurückversetzten.
Mit großer Begeisterung kehrte ich zurück nach Korea, dem Land meiner Wurzeln, wo ich dank der zahlreichen Familienrezepte von Müttern und Großmüttern, dank der Köche und ihren Signature-Dishes, dank der Produzenten, die mich mit ihren regionalen Spezialitäten inspirierten, und dank der Buddhisten, die mich in ihre reine Küche und Philosophie einweihten, kochen lernte.
Die Gerichte, die mir am meisten im Gedächtnis blieben, wurden nicht unbedingt von den renommiertesten Köchen zubereitet und schmeckten nicht unbedingt besser in einer stilvollen Umgebung.
Manchmal sind es die fürsorglichen Hände, die Geschmack und Trost in einem Gericht vereinen können und die Macht haben, dass man sich aus nostalgischen Gründen nach bestimmten Gerichten, Momenten und Personen zurücksehnt.
Lässt sich der Geschmack eines Essens an den Händen ablesen, die das Essen zubereitet haben? Ich glaube schon.
'손맛', *sonmat*, bedeutet wörtlich „Geschmack der Hand" und ist ein bekannter kulinarischer Begriff im Koreanischen.

AE JIN HUYS

KOREANISCHE ERNÄHRUNGS-PHILOSOPHIE

정 JEONG

Für Koreaner ist die gemeinsame Mahlzeit eines der wichtigsten Zeichen von Freundschaft. Das Essen zu teilen verstärkt die Beziehungen untereinander und vertieft das Verständnis für die koreanische Gemeinschaft und 정 oder *Jeong*. Anders als Emotionen wie Freude, Liebe und Trost ist *Jeong* schwer in Worte zu fassen, selbst für Koreaner. *Jeong* ist ein Sinneseindruck, manchmal ein individueller, wenn man z. B. das Gefühl von Geborgenheit bei einem anderen Menschen hat, manchmal aber auch ein kollektiver, etwa als Ergebnis einer gemeinsamen Erfahrung oder einer geteilten Emotion. Am Tisch ist es oft der Moment des gemeinsamen Anstoßens und Trinkens. Der Unterschied zum westlichen Brauchtum, einen Toast auf jemanden auszubringen, ist der, dass die Koreaner *Jeong* während einer Mahlzeit mehrmals wiederholen. Es ist wie eine tägliche Therapie, ein Fest der kleinen, gemeinsamen Momente der Freude.

약식동원 YAKSIKDONGWON

Yaksikdongwon ist eine Philosophie, die besagt, dass Medizin und Ernährung im Grunde dasselbe sind. Schon seit jeher sind die Koreaner davon überzeugt, dass Nahrung in der Lage ist, den Körper zu heilen, indem sie ihn mit Nährstoffen versorgt. Das ist auch der Grund, warum viele koreanische Gerichte das Wort *Yak* („Medizin") im Namen enthalten, wie etwa Yaksik, Yakgwa, Yakpo und Jeonyak. Sogar Yakju (Reiswein) zählt dazu, da man früher dachte, dass Alkohol gut für den Körper sei. Auch Hippokrates wusste schon vor rund 2500 Jahren, dass Nahrungsmittel wie Heilmittel für den Menschen sind. So soll von ihm die Aussage stammen: „Lasst Nahrung eure Medizin sein und Medizin eure Nahrung."

시원한맛 SIWONHANMAT

Siwonhanmat beschreibt die Empfindung des Körpers, genauer gesagt die des Magens und Darms, während des Essens. Essen ist mehr als die Wahrnehmung der fünf Sinne. Obwohl Geruch und Geschmack eine wichtige Rolle bei Lebensmitteln spielen, ist nicht weniger wichtig, welche Bedeutung Essen für den Körper hat. Siwonhanmat ist das Gefühl, das man bekommt, wenn die Verdauung der Mahlzeit beginnt.

시절식 SIJEOLSIK

Für Koreaner haben die Jahreszeiten eine große Bedeutung. So entwickelten sie unter anderem auf der Basis der Mondfinsternis eine Philosophie für den Anbau, zu der auch verschiedene Zeremonien zählen. Die traditionelle Kultur Koreas war naturverbunden und dies spiegelt sich auch heute noch in den Ernährungsgewohnheiten wider. Die Natur zu akzeptieren bedeutet für die Koreaner auch, Speisen mit Zutaten der Saison zuzubereiten.

오방색 OBANGSAEK

Aus der Energie von Yin und Yang entstanden die fünf Elemente Metall, Wasser, Holz, Feuer und Erde. Diese fünfdimensionale Ideologie beeinflusste das Denken, die Medizin, das Handwerk, die Architektur und das Essen Koreas ganz konkret. *Obangsaek* ist die Philosophie der fünf Farben, welche den fünf Elementen entsprechen. Die Symbolik der jeweiligen Farbe findet ihr Pendant in verschiedenen Zutaten.

白 Weiß: Reis, Lotuswurzel, Tofu, Knoblauch, Daikon-Rettich

黑 Schwarz: Seetang, schwarzer Reis, schwarze Bohnen, Sardellen

青 Grün: Salatgurke, Zucchini, Frühlingszwiebel, Schnittlauch, Perillablätter

赤 Rot: Chilischote, Daechu (asiatische Datteln), Paprikaschote

黃 Gelb: Kürbis, Süßkartoffel, Sojabohnen, Ingwer

Zu den Gerichten, die die *Obangsaek*-Philosophie verkörpern, zählen unter anderem Bibimbap, Gujeolpan und Na-bak Kimchi.

한식 HANSIK

Im traditionellen Korea war das tägliche Essen weder ein schneller Snack noch eine Mahlzeit, von der man schnell satt wurde. Was auf den Tisch kam, war eine wohlüberlegte Auswahl von Gerichten auf der Basis ihrer Nährwerte und gängiger Zubereitungstechniken – und das alles in Synergie mit den Elementen Yin und Yang. Die koreanische Küche hat ihren Ursprung im Konfuzianismus und gilt als dessen Ausdruck. Eine koreanische Mahlzeit besteht aus *Bap* (gekochtem Reis), *Guk* (Suppe) und verschiedenen *Banchan* (Beilagen), von denen Kimchi als fester Bestandteil einer jeden Mahlzeit gilt. Wichtig dabei sind die jeweiligen Anteile der Zutaten: viel Gemüse, reichlich Hülsenfrüchte und Fisch und nur wenig rotes Fleisch.

„Es wäre eine Schande, wenn die traditionellen fermentierten Lebensmittel unter dem Deckmantel der Entwicklung verschwinden würden. Deshalb stelle ich Maeju und Jang auf traditionelle Weise her, aus dem Wunsch heraus, unsere Traditionen zu bewahren."

LEE GIL WOO, *Lebensmittelproduzent*

KOREANISCHE WÜRZMITTEL

Lee Gil Woo, Lebensmittelproduzent und ehemaliger Ingenieur des koreanischen Instituts für Atomsicherheit

Als fermentiert bezeichnet man Lebensmittel, die mithilfe von Schimmelpilzen oder Hefebakterien einem Gärungsprozess unterworfen wurden. Während dieser Gärung bzw. Fermentation wächst die Zahl gesunder Bakterien und sinkt die Zahl der schlechten Bakterien. Außerdem produzieren die gesunden Bakterien Stoffe, die eine heilende Wirkung auf den Körper haben. Dass fermentierte Lebensmittel sich positiv auf unsere Gesundheit auswirken, gilt in der ganzen Welt als Tatsache – was nicht zuletzt auch auf die verwendeten Zutaten zurückzuführen ist. Sojabohnen enthalten viele gesunde Nährstoffe: 38 % Eiweiß und 18 % Fett, das größtenteils aus ungesättigten Fettsäuren wie Linolsäure und Linolensäure besteht.
Bei der Verarbeitung werden die Bohnen erst gekocht, dann leicht zerstoßen und anschließend zu Blöcken geformt. Danach werden diese ziegelförmigen Sojablöcke oder *Maeju* getrocknet und an Reishalmen aufgehängt, deren Bakterien die erste Gärung auslösen.
Einmal getrocknet werden die *Maeju* traditionell in große Keramikbottiche (*Onggi*) mit Salzwasser gelegt, in denen die zweite Gärung stattfindet. Aus diesem Vorgang geht neben *Ganjang* auch das fermentierte Salzwasser hervor, das für die Herstellung von Sojasauce verwendet wird.

Neben *Ganjang* und Salzwasser entsteht bei der Gärung auch *Doenjang*, fermentierte Sojabohnenpaste. Beide Zutaten prägen die koreanische Küche: *Doenjang* als die traditionelle Paste und *Ganjang* als wichtigstes Würzmittel.

Die Auswirkungen von Doenjang:

- Senkt das Krebsrisiko.
- Stärkt die Leberfunktion.
- Wirkt als Antioxidans.
- Wirkt präventiv gegen Bluthochdruck.

Doenjang enthält eine hohe Konzentration an Isoflavonen, die nachweislich präventiv gegen Bluthochdruck wirken. Ebenso wissenschaftlich nachgewiesen ist der Anti-Aging-Effekt von Isoflavonen. Außerdem ist Soja reich an Polyphenolen, Mikronährstoffen, die für ihre antioxidativen Eigenschaften und gesundheitlichen Vorteile bekannt sind. Darüber hinaus wirkt sich *Doenjang* positiv auf die Leberfunktion aus und hilft, Krebs vorzubeugen.

1100 g Doenjang *enthalten 128 Kalorien, 12 g Eiweiß, 4,1 g Fett, 14,5 g Kohlenhydrate, 17,9 g Asche, 122 mg Kalzium, 141 mg Phosphor, 5,1 mg Eisen, 0,04 mg Vitamin B1 und 0,2 mg Vitamin B2.*

고추장 GOCHUJANG
Fermentierte Chilipaste

Rezepte und Hersteller dieser fermentierten Chilipaste gibt es gleichermaßen viele, aber fast immer besteht sie aus Chilipulver, vermahlenem *Maeju*, Reissirup, Salz und Wasser. Der handwerklich hergestellte *Gochujang* schmeckt deutlich komplexer und erdiger als sein industrielles Pendant.

고추가루 GOCHUGARU
Chilipulver

Auf dem koreanischen Markt ist die Auswahl an Chilipulvern geradezu gigantisch: Um die 3000 verschiedene Sorten gibt es dort. Der Geschmack hängt in erster Linie von den Anbaubedingungen (Klima, Boden und Anbaumethode) ab.
Im Allgemeinen stellen die Hersteller ihr Chilipulver aus mehreren Varietäten zusammen. Aber sogar bei einer Mischung, die ein ausgewogenes Verhältnis an milden, leicht scharfen und sehr scharfen Varietäten aufweist, lässt sich nicht klar sagen, woraus genau das Pulver besteht. Die meisten Südkoreaner bevorzugen Chilipulver, das aus *Taeyangcho*, sonnengetrockneten Chilischoten, besteht. In der Sonne färbt sich das Fruchtfleisch rot und der Stiel gelb. Die Konsistenz von koreanischem Chilipulver variiert je nach Landesteil: Im Norden ist die Konsistenz gröber, während das Chilipulver im Süden des Öfteren Kerne enthält.

멸치 MYEOLCHI
Getrocknete Sardellen

Bei einem Besuch eines koreanischen Fischmarktes fällt sofort die Vielfalt an getrockneten Sardellen in allen erdenklichen Größen auf. Ihre Größe entscheidet, ob Sardellen als Beilage zubereitet oder als Würzmittel für Brühen verwendet werden.

젓 JEOT
Fermentierte Fischsauce

Jeot ist ein Sammelbegriff für zahlreiche, unterschiedliche fermentierte Fischsaucen. Sie haben eine subtile Umami-Note und dienen als Würzmittel. Zu den gängigsten zählen *Myeolchi Jeot*, eine fermentierte Fischsauce auf Sardellenbasis, und *Saeujeot*, eine fermentierte Garnelenpaste, die aus kleinen rosa Shrimps hergestellt wird.

미역 MIYEOK
Seetang

Seetang gilt inzwischen weltweit als das neue Superfood, wenngleich er im Westen bislang eher selten auf den Tisch kommt. Seetang enthält nur wenig Kalorien, dafür umso mehr Kalzium, Jod, Omega-Fettsäuren und Vitamine.
Zu den gängigsten Seetangarten in Korea zählen *Gim* und *Mareun Miyeok*. *Gim* weist Ähnlichkeiten mit dem japanischen *Nori* auf, ist aber etwas dünner. So wird *Gim* z. B. für die koreanische Delikatesse *Gim Gui*, in Sesamöl gebackenem Seetang, verwendet. Er schmeckt köstlich mit etwas Reis. Japaner, die ihrem Nachbarland einen Besuch abstatten, decken sich nur allzu gerne mit einem Vorrat *Gim* ein. *Mareun Miyeok* kennen die Japaner als *Wakame*. Schon seit jeher essen koreanische Mütter nach der Geburt eines Kindes *Miyeokguk* (Seetangsuppe), um schnell wieder zu Kräften zu kommen. Außerdem gilt *Miyeokguk* als traditionelle Geburtstagsspeise, die an so einem Tag nicht fehlen darf.
Zum Schluss gibt es noch *Dasima*. Dieser getrocknete Seetang ist die Grundzutat einer jeden Brühe und ist in Japan als *Kombu* bekannt

기름 KIREUM
Öl

In der koreanischen Küche werden verschiedene Pflanzenöle verwendet, die zumeist wenig geschmacksintensiv sind, z. B. Sojaöl, Traubenkernöl, Reisöl, Maisöl usw. Rapsöl und Olivenöl sind sehr aromatisch und eignen sich aus diesem Grund weniger für die koreanische Küche.

참기름 CHAMKIREUM
Sesamöl

Geröstetes Sesamöl wird als Würzmittel verwendet. Koreaner kaufen vorzugsweise frisch gepresstes Sesamöl am Markt. Wer dieses Öl jedoch im Supermarkt kauft, sollte das Mindesthaltbarkeitsdatum beachten: Je länger es haltbar ist, umso frischer ist es beim Kauf. Damit sein Aroma Bestand hat, bewahren viele Koreaner *Chamkireum* im Kühlschrank auf.

소금 SOKEUM
Salz

Auf koreanischen Märkten wird Salz in Hülle und Fülle angeboten. Wichtig ist, immer die Verpackungsangaben zu studieren – eine Angewohnheit, die sich auch für andere Nahrungsmittel empfiehlt. Jodiertes Salz ist schädlich für Bakterien und kann die Fermentation verlangsamen. Bevorzugen Sie deshalb natürliches Salz ohne Zusatzstoffe wie Trennmittel.

들기름 DEULKIREUM
Perillaöl

Deulkireum ist Öl, das aus den Samen der Perillapflanze gewonnen wird, und gilt als der weniger bekannte kleine Bruder von *Chamkireum*. Perillaöl wird zum Beispiel für *Namul* verwendet, eine Gemüsezubereitung, deren Geschmack so ursprünglich wie nur möglich sein soll. In diesem Gericht tritt Perillaöl als Sesamöl-Ersatz auf, wobei alles letztendlich eine Frage der persönlichen Vorliebe ist.

참깨 CHAMKKAE
Sesamsamen

Manchmal wird in Supermärkten „gerösteter Sesam" angeboten. Praktisch, aber in puncto Geschmack kann er es nicht mit frisch geröstetem Sesam aufnehmen. Daher verwenden wir in den Rezepten in diesem Buch immer nur frisch geröstete weiße Sesamsamen. Geröstet wird in einer trockenen Pfanne (also ohne Fett) und bei mittlerer Hitze, bis der Sesam goldbraun ist und einen nüssigen Duft verströmt. Sesam lässt sich auch auf Vorrat rösten, aber nur, wenn man ihn anschließend einfriert. In diesem Fall empfiehlt es sich, ihn nach dem Auftauen und vor Verwendung erneut kurz zu erwärmen.

대추 DAECHU
Datteln

Daechu, oder *Jujube* im Chinesischen, wird häufig „asiatische Dattel" genannt. Es handelt sich um eine Steinfrucht, die getrocknet für die Zubereitung unterschiedlichster Gerichte verwendet wird. So findet man diese Frucht in süßen Nachspeisen und aromatischen Getränken, aber auch in feinen Salaten und herzhaften Suppen. *Daechu*-Früchte variieren in Größe und Farbe, je nach Sorte und Herkunft. In Asia-Supermärkten wird meistens nur die chinesische Sorte angeboten.

쌀 SSAL
Reis

In der koreanischen Küche werden verschiedene Reissorten verwendet, wobei der weiße, rundkörnige Klebreis, der dem japanischen Sushireis sehr ähnlich ist, am häufigsten zum Einsatz kommt. Dank seines hohen Stärkegehalts wird dieser Reis beim Garen klebrig.

소주 SOJU
Reiswein

Traditionell hergestellter *Soju* ist ein alkoholisches Getränk, das aus Reis, Wasser und *Nuruk*, einer Art Weizenkuchen mit wilden Bakterien, welche die Gärung aktivieren, destilliert wird. Für den industriell hergestellten *Soju* wird meistens Äthanol auf Süßkartoffelbasis verwendet. Diese Praxis entstand 1965, als die Verwendung von Reis für die Alkoholherstellung wegen des damals herrschenden Reismangels untersagt worden war. Zwar wurde das Verbot zwischenzeitlich wieder aufgehoben, doch zahlreiche bekannte Marken strecken ihren *Soju* nach wie vor mit Äthanol. *Soju* wird für die Zubereitung zahlreicher Fleischgerichte verwendet, lässt sich aber auch durch japanischen oder chinesischen Reiswein ersetzen.

마늘 MANEUL
Knoblauch

Von den vielen Knoblauchsorten gilt *Yukjjokmaneul* gemeinhin als der Beste. Der *Yukjjokmaneul*-Knoblauch hat sechs bis acht feste Zehen, eine rötliche Schale, einen dicken Stiel und verhältnismäßig breite Blätter.

방울토마토
2~4cm
10~30g

육수

YUKSU

Grundbrühe

Diese Grundbrühe ist die Grundlage zahlreicher Suppen und Eintöpfe. In der veganen Variante werden anstatt der Sardellen einfach Shiitakes verwendet.

ZUTATEN

10 große getrocknete Sardellen
(Kopf und Innereien entfernt)
oder getrocknete Shiitakes
15 g Dasima

ZUBEREITUNG

Alle Zutaten mit 1 l Wasser vermischen. Die Mischung in einem Topf zum Kochen bringen und anschließend 15 Minuten bei schwacher Hitze köcheln lassen. Nach Belieben die Sardellen (oder Shiitakes) vorher in einer trockenen Pfanne rösten.

야채 육수

YACHAEYUKSU

Gemüsebrühe

ZUTATEN

½ Zwiebel
3 Knoblauchzehen
1 getrockneter Shiitake
1 Frühlingszwiebel
100 g Daikon-Rettich
20 g Dasima
1 Daeju

ZUBEREITUNG

Alle Zutaten mit 1,25 l Wasser vermischen. Die Brühe zum Kochen bringen und anschließend 15 Minuten bei schwacher Hitze köcheln lassen. Die Brühe abseihen.

TIPP

Klein geschnitten eignen sich der gegarte Daikon-Rettich und Shiitake später als Garnierung für eine Suppe oder einen Eintopf. Der Knoblauch und die Frühlingszwiebel lassen sich pürieren und als Grundlage eines Dips verwenden, mit dem sich ein anderes Gericht geschmacklich aufwerten lässt.

풀

PUL

Reismehlbrei

Oft wird dieser Brei bei der Zubereitung von Kimchi verwendet, um den Fermentationsprozess anzukurbeln.

ZUTATEN

2 EL Reismehl (Klebreismehl) oder Weizenmehl (Type 405)
1 EL Zucker

ZUBEREITUNG

Das Mehl mit etwas Wasser in einem kleinen Topf zu einem glatten Brei vermischen. 500 ml Wasser und den Zucker hinzugeben. Die Mischung bei schwacher Hitze erhitzen und rühren, bis sie wie Tapetenkleister aussieht. Etwas abkühlen lassen.

TIPP
Ein *Gim*-Blatt (Seetangpapier) mit Reismehlbrei bestreichen. Das Blatt auf Backpapier legen und vollständig trocknen lassen. Am nächsten Tag das getrocknete Blatt in einem Topf mit Öl goldbraun und knusprig frittieren – das Ergebnis ist einfach köstlich.

밥

BAP

Reis

ZUTATEN

500 g koreanischer Klebreis oder Sushireis

ZUBEREITUNG

Den Reis in eine Schüssel geben, mit Wasser bedecken und sanft mit einer Hand umrühren. Den Reis ruhen lassen und das trübe Wasser wegschütten. Diesen Vorgang so oft wiederholen, bis das Wasser klar bleibt. Anschließend 600 ml frisches Wasser mit dem gewaschenen Reis in einen schweren, gusseisernen Topf geben. Bei einem einfachen Metalltopf 750 ml Wasser verwenden. Den Reis 30 Minuten quellen lassen. Anschließend den Reis etwa 5 Minuten mit aufgelegtem Deckel bei starker Hitze kochen. Sobald der Siedepunkt erreicht ist, den Reis vom Topfboden lösen. Die Hitze reduzieren und den Reis 15 Minuten mit aufgelegtem Deckel köcheln lassen. Den Reis gelegentlich lockern. Den Topf vom Herd nehmen, den Deckel auflegen und den Reis noch 10 Minuten ruhen lassen.

쌈장

SSAMJANG

Chili-Dip mit Sojabohnenpaste

ZUTATEN

2 EL Doenjang
1 EL Gochujang
1 EL Reissirup
½ EL Sesamöl
1 TL pürierter Knoblauch
1 Frühlingszwiebel, fein gewürfelt
½ TL geröstete Sesamsamen

ZUBEREITUNG

Alle Zutaten miteinander vermischen.

초고추장

CHOGOCHUJANG

Chili-Apfelessig-Dip

ZUTATEN

2 EL Gochujang
2 EL Apfelessig
1½ EL Reissirup oder Zucker
½ TL pürierter Knoblauch

ZUBEREITUNG

Alle Zutaten miteinander vermischen.

다대기

DADAEKI

Soja-Dip mit Chili

ZUTATEN

4 EL Sojasauce
2 TL pürierter Knoblauch
1 TL Gochugaru
1 EL Frühlingszwiebel, fein gewürfelt
2 TL geröstete Sesamsamen

ZUBEREITUNG

Alle Zutaten miteinander vermischen.

초간장

CHOGANJANG

Soja-Dip mit Essig

ZUTATEN

4 EL Sojasauce
4 EL Reisessig oder Weißweinessig

OPTIONAL

2 EL Rohrzucker
½ TL Gochugaru
½ TL pürierter Knoblauch
½ TL geröstete Sesamsamen
½ TL Sesamöl
½ TL Frühlingszwiebel, fein gewürfelt

ZUBEREITUNG

Alle Zutaten mit 4 EL Wasser vermischen.
Für eine reichhaltigere Variante nach Belieben noch Rohrzucker, Gochugaru, Knoblauch, Sesam, Sesamöl und Frühlingszwiebeln hinzugeben.

양념장

YANGNYEOMJANG

Soja-Dip

ZUTATEN

4 EL Sojasauce
1 Frühlingszwiebel, fein gehackt
1 TL Gochugaru
1 EL Sesamöl
2 EL geröste Sesamsamen, zerstoßen

OPTIONAL

½ Chilischote, fein gehackt
½ EL pürierter Knoblauch

ZUBEREITUNG

Alle Zutaten mit 4 EL Wasser vermischen. Nach Belieben Chili und Knoblauch hinzufügen.

FERMENTATION UND KIMCHI

Das „World Institute of Kimchi“ trägt das Wissen über die Kimchi-Kultur und die Fermentationswissenschaft zusammen. Als Einrichtung des koreanischen Wissenschafts- und IT-Ministeriums führt das Institut umfangreiche Studien zu Kimchi und allem durch, was damit zusammenhängt. Dabei werden die gesundheitlichen Auswirkungen von Kimchi erforscht, die Verbesserung der Herstellungs- und Vertriebsverfahren unterstützt und die Philosophie der Kimchi-Kultur studiert. Das Ziel: Kimchi – nicht umsonst von der UNESCO als immaterielles Weltkulturerbe anerkannt – weltweiten Ruhm zu verschaffen.

Da die Landwirtschaft jahrhundertelang die Haupteinnahmequelle Koreas war, wurden fermentierte Lebensmittel ursprünglich v. a. als Würzmittel verwendet. *Doenjang* (Sojabohnenpaste), *Ganjang* (Sojasauce), *Gochujang* (Chilipaste) und *Sikcho* (Essig) sind wohl die bekanntesten Beispiele. Im Zuge dessen entstanden Beilagen wie Kimchi, gesalzener Fisch und diverse alkoholische Getränke auf Getreidebasis.

Sojasauce, Sojabohnenpaste und Chilipaste – in der Kombination als *Jang* bekannt – setzten sich in der koreanischen Küche schnell als wichtigste Würzmittel durch und prägten den einzigartigen Geschmack der koreanischen Küche. Daneben gab es noch Kimchi, der sich im Laufe der Zeit einen ebenso prominenten Platz auf koreanischen Tellern eroberte. Mit der Zubereitung von Kimchi und *Jang*, einer Tätigkeit, die jahrhundertelang nur den koreanischen Hausfrauen vorbehalten war, wurde versucht, so viel wie möglich von der Ernte haltbar zu machen, damit die Familien das ganze Jahr über etwas zu essen hatten.

Ursprünglich war Kimchi nur ein Mittel, um Gemüse haltbar zu machen und die strengen Winter zu überstehen. Das Einmachen von Gemüse ist in vielen Ländern gängig, wobei sich die koreanische Methode sowohl in der Form als im Geschmack von anderen unterscheidet. Anfänglich bestand Kimchi aus in Salz, Sojasauce, Reismehlbrei usw. eingelegte Aubergine, Gurke und Rettich. Das Ergebnis ähnelte dem, was man auch heute noch unter dieser Bezeichnung in China und Japan findet.

Während der Goryeo-Dynastie (918–1392 n. Chr.) entstand eine weitere Variante, das „Wasserkimchi“, und zu Beginn der Joseon-Dynastie (1392–1897 n. Chr.) wurde auch *Sokbakji*-Kimchi beliebt. Letzteres war eine Art Kimchi auf der Grundlage von Chinakohl, Rettich, gesalzenem Fisch, Meeresfrüchten und Chilischoten. Der damals erst neu entstandene Handel mit Meeresfrüchten und die Hinzugabe von Chilischote als neuer Zutat machten diese Variante zu einem Dauerbrenner. Gegen Ende der Joseon-Dynastie entstanden noch weitere Varianten: *Tongaechu*-Kimchi (ganzer Chinakohl) und *Bossam*-Kimchi (schonend gekochter Bauchspeck). Beiden gemein sind die Würzmittel, die sich zwischen zwei Schichten von Kohlblättern befinden.

KIMCHI UND GESUNDHEIT

Senkt den Cholesterinspiegel und beugt Arteriosklerose vor

Der Verzehr von Kimchi senkt den LDL-Cholesterinspiegel (schlechtes Cholesterin) im Blut und erhöht den HDL-Cholesterinspiegel (gutes Cholesterin). Außerdem senkt Kimchi die neutralen Fette im Körper, beugt Arteriosklerose vor und kurbelt den Blutkreislauf an. Da der Verzehr von Kimchi auch zum Abbau des Proteins Fibrin führt, trägt es zudem zur Gesundheit des Herzkreislaufs bei.

Beugt Verstopfung vor und stärkt die Darmgesundheit

Kimchi aktiviert die Ballaststoffe, organische Säuren und Darmbewegungen und bildet so ein wirksames Mittel gegen Verstopfung. Die Milchsäurebakterien in Kimchi verhindern die Bildung schädlicher Bakterien im Darmsystem und unterstützen somit die Linderung bzw. Vorbeugung vieler entzündlicher Darmerkrankungen.

Antioxidative Wirkung

Kimchi enthält antioxidative Stoffe wie Vitamin C, Polyphenole und Chlorophyll (Blattgrün) – alles Stoffe, die die Alterung der Haut verhindern. Besonders Kimchi aus Kohl, Frühlingszwiebeln, Schnittlauch oder Senfblättern hat eine hohe antioxidative Wirkung. Je länger Kimchi gereift ist, desto stärker sind seine antioxidativen Eigenschaften.

Bekämpft und beugt Krebs vor

1 Gramm Kimchi enthält bis zu 1 Milliarde Milchsäurebakterien. Von diesen weiß man, dass sie das Krebsrisiko senken. Da sie die Produktion von Abwehrstoffen ankurbeln, bekämpfen sie das Wachstum von Tumoren und stärken die Darmabwehr. Außerdem haben die Hauptzutaten von Kimchi (z. B. Chinakohl, Rettich, Frühlingszwiebel und Senfblätter) eine präventive Wirkung gegen Dickdarmkrebs und Knoblauch hilft zudem, Magenkrebs vorzubeugen.

Kimchi und Gewichtsverlust

Capsaicin ist ein Stoff, der in roter Paprika und Chilischoten vorkommt. Er regt die Verdauung an, indem er die Bildung von Speichel und Magensaft ankurbelt und den Stoffwechsel erhöht. Darüber hinaus verhindert Capsaicin die Einlagerung von Fett im Körper während des Stoffwechsels und fördert den Abtransport von Abfallstoffen. Meistens wird Kimchi aus Chinakohl oder Rettich unter Verwendung von rotem Chilipulver, Knoblauch und Frühlingszwiebeln hergestellt. Um ein Kimchi zuzubereiten, das sowohl nahr- als auch schmackhaft ist, braucht man hochwertige Zutaten.

Chinakohl

Chinakohl ist die häufigste Kimchi-Zutat. Er enthält viel Wasser und wenig Kalorien, was ihn zu einem idealen Bestandteil einer ausgewogenen Ernährung macht. Chinakohl enthält außerdem viel Karotin, das im Körper die gleiche Wirkung wie Vitamin A entfaltet. Darüber hinaus ist Chinakohl eine gute Quelle von Vitamin C, das Darmkrebsrisiko senkt, und enthält eine kleine Menge hochwertiger Aminosäuren. Ein guter Chinakohl ist fleischig, fühlt sich aber nicht zu schwer an. Die äußeren Blätter sollten eine tiefgrüne Farbe haben und ihr Aussehen sollte sauber und frisch sein. Die inneren Blätter sind im Idealfall an der Basis weiß und an den Spitzen gelblich.

Winterrettich

Winterrettich spielt eine große Rolle bei der Fermentation von Chinakohl und enthält Vitamin C, Phosphor und sogar Kalzium. Noch bemerkenswerter ist die Tatsache, dass Rettich siebenmal mehr Vitamin C enthält als ein Apfel. Da *Mucheong*, die Stängel und Blätter des Rettichs, große Mengen an Kalzium, Vitaminen und Mineralien enthalten, hat der Rettich einen hervorragenden Nährwert. Wegen der hohen Konzentration an Vitaminen wird *Mucheong* meist im Winter serviert, wenn es uns oft an Vitaminen mangelt. Rettich fördert außerdem die Verdauung und hilft beim Abtransport von Giftstoffen aus dem Körper. In Korea werden die Stiele und Blätter des Winterrettichs getrennt von der Wurzel getrocknet und zur Herstellung von *Namul* (gewürztes, blanchiertes Gemüse) und *Guk* (koreanische Brühe) verwendet. Wer Kimchi mit einem ausgewogenen Geschmack herstellen will, muss die einzelnen Zutaten sorgfältig auswählen. Daher sollte man auch nur Rettich mit vielen frischen Blättern kaufen. Bevorzugen Sie Exemplare, die sich schwer anfühlen, denn das deutet auf einen hohen Wassergehalt hin.

Knoblauch

Knoblauch trägt wesentlich zum hohen Nährwert von Kimchi bei und hat nach wissenschaftlichen Erkenntnissen auch krebshemmende Eigenschaften. Das amerikanische Nachrichtenmagazin *Time* wählte Knoblauch deshalb zu einem der zehn gesündesten Lebensmittel der Welt. Knoblauch enthält Allicin, eine Substanz, die für den ausgeprägten Geschmack und Geruch von Knoblauch verantwortlich ist und antibiotische Eigenschaften besitzt. Sie verbindet sich mit schädlichen Stoffen im Körper, wie etwa Schwermetallen, und transportiert sie ab. Außerdem hat Allicin leistungssteigernde Eigenschaften und wirkt gegen Müdigkeit. Verstärkt wird die Wirkung von Allicin in Verbindung mit Vitamin B1.

Chili

Rote Chilischoten verleihen Kimchi seine typische rote Farbe und seinen scharfen Geschmack. Neben den Vitaminen A, B und C enthalten Chilischoten auch Capsaicin, einen Stoff, der in höheren Mengen in den Samen enthalten ist und das Wachstum von schädlichen Bakterien verhindert. Capsaicin unterstützt auch die Fettverbrennung im Körper (siehe oben). Der scharfe Geschmack von Chilischoten wirkt zudem appetitanregend, die Speicheldrüsen werden stimuliert, was die Verdauung fördert, und die Milchsäurebakterien in Chilischoten beugen Fäulnis vor.
Rote Chilischoten werden in der koreanischen Küche häufig verwendet. Wählen Sie Exemplare mit nicht ausgetrockneten Stielen und einer glatten, gleichmäßig roten Haut.

Kimchi-Tipps

Kaufen Sie vorzugsweise Bio-Gemüse und Bio-Obst.
Verwenden Sie zudem natürliche Salze ohne Zusatzstoffe.
Waschen Sie sich vor dem Kochen immer die Hände, verwenden Sie saubere Schneidebretter und Geschirr, das keine Seifen- oder Lebensmittelreste aufweist. Sterilisieren Sie Einweckgläser, indem Sie sie kurz in kochendes Wasser tauchen.
Schützen Sie Kimchi vor Kontakt mit Sauerstoff, um Schimmel und Fäulnis zu vermeiden. Achten Sie deshalb darauf, dass Aufbewahrungsbehälter gut verschlossen sind.
Bewahren Sie Kimchi nicht in Behältern aus Metall oder anderen Materialien auf, die oxidieren oder schädliche Stoffe abgeben können.
Achten Sie auf Ihre Sinne: Bei der Gärung entstehen Enzyme, die Geruch, Konsistenz und Geschmack des Produkts beeinflussen. Ein leicht säuerlicher Geruch und Geschmack weisen auf eine gute Gärung hin.
Werfen Sie übrig gebliebenen Kimchisaft nicht weg, denn er enthält wertvolle Milchsäurebakterien und ist daher der ideale „Starter“ für eine weitere Portion Kimchi.
Wird bei den Rezepten in diesem Buch eine Raumtemperatur angegeben, ist damit eine Temperatur von 15–18 °C gemeint. Höhere Temperaturen beschleunigen den Gärungsprozess zwar, führen aber dazu, dass das Kimchi einen zu säuerlichen Geschmack erhält.
Fermentation ist eine Art *slow cooking*, die nur mit Zeit und Geduld zu einem optimalen Ergebnis führt.

Allgemeine Hinweise zur Zubereitung

Das Gemüse immer gemäß den Angaben im Rezept waschen und putzen. Das Gemüse mit Salz vermischen und ziehen lassen; die Dauer variiert stark und ist abhängig von Sorte und Größe. Anschließend prüfen, ob das Gemüse ausreichend salzig ist. Bei Chinakohl ist das der Fall, wenn sich ein Stück falten lässt, ohne zu brechen oder zu reißen. Bei Daikon-Rettich wird die Textur voller und geschmeidiger. Salz entzieht dem Gemüse Flüssigkeit, die man anschließend entsorgt. Nach dem Salzen wird das Gemüse mit der „Marinade“ (koreanisches Würzmittel) vermischt.
Um die Fermentation zu begünstigen, sollte man frisch zubereitetes Kimchi 1–2 Tage in einem gut verschlossenen Glas bei Raumtemperatur aufbewahren und anschließend in den Kühlschrank stellen, wo er den optimalen Geschmack erhält. Probieren Sie dabei das Kimchi regelmäßig, so merken Sie im Laufe der Zeit, welcher Fermentationsgrad des Gemüses Ihnen am meisten entspricht.
Falls nicht anders angegeben, sind die Rezepte in diesem Buch für 4 Portionen gedacht.

오이소박이

OI SOBAGI

Gefüllte-Salatgurken-Kimchi

Dank seiner leichten, knackigen Textur und seines erfrischenden Geschmacks ist Kimchi aus Salatgurken ein tolles Frühlingsgericht.

ZUTATEN

2 dünne Salatgurken
Salz (2 % des Gemüsegewichts)
¼ Zwiebel
½ Karotte
½ rote Spitzpaprika
20 g Schnittlauch

MARINADE

1 TL pürierter Knoblauch
1½ EL Gochugaru
½ TL Zucker
½ EL Fischsauce

ZUBEREITUNG

Die Salatgurken waschen und mit einem sauberen Küchentuch trocken reiben. Anschließend mundgerecht in 3 cm große Stücke schneiden. Die Stücke kreuzweise 2,5 cm tief einschneiden, aber nicht durchschneiden.
Die Gurkenstücke mit der Öffnung nach oben in eine Schale legen, gleichmäßig mit Salz bestreuen und 20–30 Minuten ziehen lassen.
Zwiebel, Karotte und Spitzpaprika in 2 mm dünne und 4 cm lange Stifte schneiden. Den Schnittlauch hacken.
Alle Zutaten für die Marinade vermischen, mit den Gemüsestreifen und dem Schnittlauch vermengen und 10 Minuten ziehen lassen. Die Gemüsemischung auf den Salatgurken verteilen und leicht in die Schlitze drücken.

Die gefüllten Salatgurken 24 Stunden in einem luftdicht verschlossenen Behälter bei Raumtemperatur fermentieren. Anschließend in den Kühlschrank stellen oder als Mittagessen zu Reis und Suppe servieren.

TIPP

Ich kaufe Salatgurken meistens im türkischen Gemüseladen, denn dort sind sie etwas dünner und enthalten weniger Wasser als Gurken aus dem Supermarkt. Je dünner die Gurken, umso knackiger wird das Kimchi.

대파김치

DAEPA KIMCHI

Lauch-Kimchi

ZUTATEN

1 Stange Lauch
2 EL Fischsauce

MARINADE

60 ml Pul (siehe S. 29)
3 EL Gochugaru
1 TL pürierter Knoblauch
½ TL frisch geriebener Ingwer
eine Prise Zucker

ZUBEREITUNG

Den Lauch waschen und trocken tupfen. Anschließend in dünne Streifen schneiden. Die Streifen in einer langen Schale verteilen und gleichmäßig mit der Fischsauce beträufeln.
Die Lauchstreifen regelmäßig wenden, damit die Sauce gut einziehen kann.
Die Zutaten für die Marinade vermischen und mit der übrigen Fischsauce in der Schale vermengen. Die Mischung in die Lauchstreifen einmassieren. Den Lauch in einem luftdicht verschlossenen Behälter 24 Stunden bei Raumtemperatur an einem dunklen Ort fermentieren. Anschließend das fertige Lauch-Kimchi im Kühlschrank aufbewahren.

TIPP

Dieses Kimchi eignet sich klein geschnitten als Garnierung von Appetizern, als Mandu-Füllung (siehe S. 90) und auch als Beilage zu gebackenem Reis (siehe S. 118).

가지김치

GAJI KIMCHI

Auberginen-Kimchi

ZUTATEN

2 lange, dünne Auberginen
½ Bund Schnittlauch
1 Stück Karotte (4 cm)

MARINADE

2 EL Sojasauce
1 EL Sardellensauce
1 TL pürierter Knoblauch
2 TL Gochugaru
½ EL Zucker
2 TL Sesamöl
½ EL geröstete Sesamsamen

ZUBEREITUNG

Die Auberginen erst längs halbieren und dann quer in 5 cm lange Stücke schneiden.
Die Auberginenstücke in einem Topf mit wenig Wasser bissfest dämpfen, dann in eine Schüssel geben. Den Schnittlauch waschen, 15 Stängel beiseitelegen und die restlichen Stängel in 3 cm lange Stücke schneiden. Die Karotte in 3 mm dicke Streifen schneiden. Die Zutaten für die Marinade mit Schnittlauch und Karotte in einer Schüssel vermengen. Die Mischung über den Auberginenstücken verteilen und jeweils zwei Auberginenstücke aufeinanderlegen. Die Röllchen jeweils mit 1 Schnittlauchstängel umwickeln.
Dieses Kimchi kann sofort serviert werden.

호박김치

HOBAK KIMCHI

Kürbis-Kimchi

ZUTATEN

300 g Chinakohl
500 g Kürbis
Salz (2 % des Gemüsegewichts)

MARINADE

70 ml Pul (siehe S. 29)
45 g Gochugaru
15 g pürierter Knoblauch
5 g frisch geriebener Ingwer
2 EL Fischsauce
15 g Pflaumen
10 ml Sojasauce

ZUBEREITUNG

Die Chinakohlblätter in 3 x 4 cm große Stücke schneiden. Den Kürbis schälen, die Kerne entfernen und das Fruchtfleisch erst in 0,5 cm dicke Scheiben und dann in 3 x 4 cm große Stücke schneiden. Die Chinakohl- und Kürbisstücke mit Salz bestreuen, gut vermengen und 30 Minuten ziehen lassen.
Die Zutaten für die Marinade vermischen und mit den Gemüsestücken vermengen. Das Kimchi 24 Stunden in einem luftdichten Behälter bei Raumtemperatur ziehen lassen und anschließend in den Kühlschrank stellen.
Dieses Kürbis-Kimchi wird häufig als Zutat für einen Schmortopf verwendet (siehe S. 102).

파김치

PA KIMCHI

Frühlingszwiebel-Kimchi

ZUTATEN

2 Bund Frühlingszwiebeln
2 EL Fischsauce

MARINADE

60 ml Pul (siehe S. 29)
3 EL Gochugaru
1 TL pürierter Knoblauch
½ TL frisch geriebener Ingwer
eine Prise Zucker

ZUBEREITUNG

Die Frühlingszwiebeln waschen und trocken tupfen, dann nebeneinander in eine lange Schale legen. Gleichmäßig mit der Fischsauce beträufeln. Die Frühlingszwiebeln regelmäßig wenden, damit die Sauce gut einziehen kann.
Die Zutaten für die Marinade vermischen. Dann die Marinade in die Form geben und mit der übrigen Fischsauce vermengen. Die Mischung in die Frühlingszwiebeln einmassieren. Anschließend die Frühlingszwiebeln in einen luftdichten Behälter geben, gut verschließen und 24 Stunden bei Raumtemperatur an einem dunklen Ort fermentieren.
Das fertige Kimchi im Kühlschrank aufbewahren.

채소겉절이

CHAESO GEOTJEORI

Kimchi-Salat

ZUTATEN

300 g Blattgemüse (z. B. junger Spinat)

MARINADE

1 EL pürierter Knoblauch
2 EL Gochugaru
2 EL Sesamöl
2 EL Apfelessig
1 EL Honig
2 EL Sojasauce
2 EL geröstete Sesamsamen

ZUBEREITUNG

Die Zutaten für die Mariande vermischen und mit dem Blattgemüse vermengen. Der Kimchi-Salat kann sofort serviert werden.

모자반김치

MOJABAN KIMCHI

Beerentang-Kimchi

ZUTATEN

500 g japanischer Beerentang
1 rote Zwiebel (100 g)
100 g Karotte (nach Belieben)

MARINADE

5 EL Fischsauce
1½ EL pürierter Knoblauch
2 EL Gochugaru
eine Prise Salz

ZUBEREITUNG

Den Beerentang waschen und in kochendem Wasser blanchieren, bis er sich grün färbt. Anschließend so lange mit eiskaltem Wasser abschrecken, bis das Wasser klar ist. Den Tang in ein sauberes Geschirrtuch geben und durch leichtes Auspressen entwässern. Die Zwiebel fein würfeln. Die Zutaten für die Marinade vermischen und mit Tang und Zwiebel vermengen.
Mit Salz abschmecken. Das fertige Kimchi in einen luftdichten Behälter geben, gut verschließen und 2 Tage bei Raumtemperatur fermentieren. Das Kimchi anschließend im Kühlschrank aufbewahren.

OPTIONAL

Die Karotte in 2 mm dünne und 5 cm lange Stifte schneiden und zu Tang und Zwiebel geben. Das Kimchi wie oben beschrieben fertigstellen.
Dieses Kimchi kann sofort serviert werden. Es passt perfekt zu Reis oder auch als Topping eines Nudelgerichts.

깍두기

KKAKDUKI

Kohlrabi-Kimchi

ZUTATEN

2 Kohlrabi
Salz (2 % des Gemüsegewichts)

MARINADE

25 g Apfel
2 g Ingwer
1 Knoblauchzehe
½ EL Fischsauce
1–2 EL Gochugaru

ZUBEREITUNG

Die Kohlrabi schälen und in 2,5 cm große Würfel schneiden. Die Würfel in eine Schüssel geben, mit Salz bestreuen und 30 Minuten ziehen lassen. Dabei gelegentlich umrühren, damit das Salz gleichmäßig einziehen kann.
Die Ziehflüssigkeit der Kohlrabi in einen hohen Rührbecher geben und mit den Zutaten für die Marinade zu einer glatten Paste mixen. Die Kohlrabiwürfel mit der Paste vermengen und luftdicht an einem dunklen Ort 24 Stunden bei Raumtemperatur fermentieren. Das Kimchi anschließend im Kühlschrank aufbewahren.
Es kann schon nach wenigen Tagen serviert werden.

TIPP

Für dieses Rezept eignen sich auch junge Steckrüben, Kohlrüben oder Daikon-Rettich sehr gut.

좁쌀깍두기

CHEOPSSAL KKAKDUKI

Kohlrabi-Kimchi mit Hirse

ZUTATEN

100 g vorgegarte Hirse
2 Kohlrabi (500 g)
Salz (2 % des Gemüsegewichts)

MARINADE

2 g Ingwer
1 Knoblauchzehe
1 TL gesalzene Garnelen (Saeujeot)
2 EL Apfelsaft
1–2 EL Gochugaru

ZUBEREITUNG

Die Hirse gar kochen und abkühlen lassen.
Die Kohlrabi waschen und in 2,5 cm große Würfel schneiden. Die Würfel in eine Schüssel geben, salzen und 30 Minuten ziehen lassen. Dabei die Kohlrabiwürfel regelmäßig umrühren, damit das Salz gleichmäßig einziehen kann.
Die Ziehflüssigkeit der Kohlrabi in einen hohen Rührbecher geben, alle Zutaten für die Marinade hinzugeben und alles zu einer glatten Paste mixen.
Kohlrabiwürfel, Hirse und Paste vermengen und alles zugedeckt 24 Stunden bei Raumtemperatur ruhen lassen. Das Kimchi anschließend im Kühlschrank aufbewahren. Es kann nach einigen Tagen serviert werden.

Kimjang

„*Kimjang*, eine jährlich wiederkehrende Veranstaltung, bei der sehr viel Kimchi für den langen Winter zubereitet wird, ist auch eine gute Möglichkeit, Familienrezepte an die nächste Generation weiterzugeben. Oft kamen mehrere Familien und Nachbarn zusammen, um gemeinsam Kimchi zuzubereiten, was das Verbundenheitsgefühl einer Gemeinschaft stärkte. Die koreanische *Kimjang*-Kultur – gemeinsam Kimchi zuzubereiten und zu teilen – wurde im Jahr 2013 von der UNESCO als immaterielles Kulturerbe anerkannt, sodass wir den kulturellen Wert von Kimchi nun auch mit anderen Weltbürgern teilen können."

WORLD INSTITUTE OF KIMCHI

남파고택반
Das Haus in Nampa

Das Haus in Nampa, dem Hauptgebäude der Milyang Park Clan, ist ein typisches Haus der Oberschicht in der Provinz Jeolla-do. Wegen seiner historischen Bedeutung wurde das Haus im Jahr 2009 zum bedeutenden Folklorematerial Nr. 263 erklärt. Die ungewöhnlich weitläufige Küche deutet auf die große Zahl von Tischgästen hin, die hier über die Generationen hinweg bekocht wurden. Wie damals, wird das Essen auch heute noch in einem großen Kessel über einem Holzfeuer zubereitet. Als weiteres Ritual platziert man jeden Morgen eine Schüssel mit frischem Wasser in einer Küchenecke, als Symbol dafür, dass das Essen mit Leib und Seele zubereitet werden soll. Nach dem Tod ihrer Schwiegermutter versucht Gang Jeong-suk, die älteste Schwiegertochter, die überlieferten Rezepte der Milyang Park Clan in Ehren zu halten. Sie lernte, wie man die Gerichte zubereitet, indem sie ihrer Schwiegermutter beim Kochen über die Schulter schaute.

백김치

BAEK KIMCHI

Weißes Chinakohl-Kimchi

ZUTATEN

3 Köpfe Chinakohl
Salz (10 % des Kohlgewichts)
1 Daikon-Rettich
1 Zwiebel
3 Stücke Ingwer
2 Äpfel
2 Birnen
7 Maronen
1 Karotte
1 Bund chinesischer Schnittlauch
10 dunkle Blattsenfblätter
200 g rohe Riesengarnelen
(nach Belieben)
1 Bund Frühlingszwiebeln

MARINADE

20 Knoblauchzehen, gehackt
250 g gesalzene Garnelen (Saeujeot), gehackt
5 TL Fischsauce
200 g Gochugaru
150 g Salz
200 g Austern, gehackt (nach Belieben)

500 ml Birnensaft (nach 24 Stunden hinzufügen)

ZUBEREITUNG

Die Kohlköpfe halbieren und ein Teil des Salzes zwischen die Blätter streuen. Etwas Wasser in einen großen Topf füllen und mit dem restlichen Salz salzen. Die Kohlkopfhälften darin 6–12 Stunden ziehen lassen.
Der Kohl ist ausreichend gesalzen, wenn die Blätter sich leicht biegen lassen. Die Kohlkopfhälften abwaschen und abtropfen lassen. Daikon-Rettich, Zwiebel, Ingwer, Äpfel, Birnen, Maronen, Karotte, Schnittlauch und Blattsenf in 3 mm große Stücke schneiden. Die rohen Riesengarnelen hacken. Die Zutaten für die Marinade vermischen, mit den Gemüse- und Obststücken vermengen und auf den Kohlhälften verteilen. Die Frühlingszwiebeln längs halbieren und um die Kohlkopfhälften wickeln.
Die Kohlkopfhälften übereinandergestapelt in einen luftdichten Behälter legen. Den Behälter gut verschließen und 24 Stunden an einem kühlen, dunklen Ort fermentieren. Anschließend den Birnensaft hinzugeben. Das fertige Kimchi im Kühlschrank aufbewahren. Je nach Temperatur und Fermentationsgrad kann man dieses Kimchi nach 10–14 Tagen servieren.

배추김치

BAECHU KIMCHI

Chinakohl-Kimchi

ZUTATEN

4 Köpfe Chinakohl
Salz (10 % des Kohlgewichts)
1 Karotte
4 Frühlingszwiebeln
1 kleines Bund Schnittlauch

MARINADE

500 g Gochugaru
1 Zwiebel
125 g Knoblauch
½ EL frisch geriebener Ingwer
125 g gesalzene Garnelen (Saeujeot)
80 ml Fischsauce
1 Birne
eine Prise Zucker

1 l Yuksu (siehe S. 28)
250 ml Pul (siehe S. 29)

ZUBEREITUNG

Die Kohlköpfe längs halbieren und nebeneinander in eine Schüssel legen. Ein Teil des Salzes zwischen die Blätter streuen. Wasser und das restliche Salz dazugeben, bis die Kohlköpfe vollständig damit bedeckt sind. Die Kohlköpfe 6–12 Stunden im Salzbad ziehen lassen. Anschließend die Kohlköpfe gründlich waschen, um das Salz zu entfernen. Gut abtropfen lassen und wieder in die Schüssel geben.

Die Karotte in dünne, 5 cm lange Streifen schneiden (z. B. mit einem Papaya- oder Julienneschäler). Frühlingszwiebeln und Schnittlauch in Stücke gleicher Länge schneiden.

Die Zutaten der Marinade mit dem Yuksu vermischen. Die Mischung mit dem Pul, Karotten-, Frühlingszwiebeln und Schnittlauchstücken vermengen. Alles zwischen den Kohlblättern verteilen. Das Kimchi 1–2 Tage bei Raumtemperatur zugedeckt in der Schüssel ziehen lassen. Anschließend in den Kühlschrank stellen.

막김치

MAK KIMCHI

Einfaches Kimchi

ZUTATEN

4 Köpfe Chinakohl
Salz (10 % des Kohlgewichts)
1 kleines Bund Schnittlauch
4 Frühlingszwiebeln

MARINADE

500 g Gochugaru
1 Zwiebel
125 g Knoblauch
½ EL frisch geriebener Ingwer
80 ml Fischsauce
1 Birne
1 l Yuksu (siehe S. 28)
eine Prise Zucker

ZUBEREITUNG

Die Kohlköpfe längs vierteln und anschließend in mundgerechte Stücke schneiden. Die Stücke in einer Schüssel mit dem Salz vermischen und ziehen lassen. Regelmäßig umrühren, damit das Salz gleichmäßig einziehen kann. Die Kohlstücke sind fertig, wenn sie sich leicht biegen lassen und dabei nicht brechen oder reißen. Abtropfen lassen und wieder in die Schüssel geben. Schnittlauch und Frühlingszwiebeln in 4 cm lange Stücke schneiden. Die Zutaten für die Marinade vermischen und glatt rühren. Alles mit Schnittlauch-, Frühlingszwiebel- und Chinakohlstücken in der Schüssel vermengen. Das Kimchi 12–24 Stunden zugedeckt bei Raumtemperatur fermentieren und danach im Kühlschrank aufbewahren.

깻잎김치

KKAENIP KIMCHI

Perilla-Kimchi

Perilla wird auf unterschiedliche Art und Weise verwendet, beispielsweise zum Umwickeln eines Fleischstücks beim Grillen, aber auch als zusätzliches Suppen- oder Eintopfgewürz. Gesalzen oder fermentiert ist Perilla auch als Beilage zu Reis sehr schmackhaft.
Perilla zählt zu den Lippenblütlern und hat ein kräftiges Aroma. In Japan heißt er Shiso*, hat aber ein kleineres Blatt und ein ausgeprägteres Minzaroma. Aus den Samen wird Perillaöl gepresst.*

ZUTATEN

150 g Perillablätter
½ Zwiebel
½ EL pürierter Knoblauch
½–1 EL Gochugaru

MARINADE

3 EL Sojasauce
1 EL Fischsauce

ZUBEREITUNG

Die Perillablätter waschen und trocken tupfen. Die Zwiebel in dünne Streifen schneiden, mit Knoblauch und Gochugaru in einer Schüssel vermischen. Die Perillablätter abwechselnd mit einigen marinierten Zwiebelstreifen schichten. Einen Behälter mit Deckel wählen, der kaum größer ist als die Perillablätter. Alle Zutaten für die Marinade mit 1 EL Wasser vermischen. Die Perillablätter in den Behälter legen und mit der Marinade übergießen. Die Blätter regelmäßig in der Marinade wenden. Den Behälter verschließen und die Blätter darin 12 Stunden bei Raumtemperatur fermentieren. Anschließend das Kimchi im Kühlschrank aufbewahren.
Das Perilla-Kimchi ist eine tolle Beilage und schmeckt köstlich zu Reis. Es kann auch für die Zubereitung von Reisröllchen verwendet werden (siehe S. 160).

오이김치

OI KIMCHI

Salatgurken-Kimchi

ZUTATEN

2 dünne Salatgurken
Salz (2 % des Gemüsegewichts)
50 g Schnittlauch
1 EL geröstete Sesamsamen

MARINADE

1 TL pürierter Knoblauch
1½ EL Gochugaru
½ EL Apfelessig
½ TL Zucker
1 TL Fischsauce

ZUBEREITUNG

Die Salatgurken waschen und mit einem sauberen Küchentuch trocken tupfen. Anschließend in 1 cm dicke Scheiben schneiden. Die Gurkenscheiben in einer Schüssel mit dem Salz vermischen und 10 Minuten ziehen lassen.
Währenddessen den Schnittlauch nach Belieben in 4 cm lange oder sehr feine Röllchen schneiden. Alle Zutaten für die Marinade vermischen und mit den Gurkenscheiben, dem Schnittlauch und dem Sesam in einer Schüssel vermengen.
Alles in einen Behälter geben, gut verschließen und einige Stunden bei Raumtemperatur fermentieren. Anschließend im Kühlschrank aufbewahren. Das Kimchi nach koreanischer Tradition als Beilage servieren oder als exotischen Brotbelag verwenden.

채식 배추김치

CHAESIK BAECHU KIMCHI

Veganes Chinakohl-Kimchi

ZUTATEN

4 Köpfe Chinakohl
Salz (2 % des Gemüsegewichts)
1 kleines Bund Schnittlauch
4 Frühlingszwiebeln
1 Karotte

MARINADE

500 g Gochugaru
1 Zwiebel
125 g Knoblauch
½ EL frisch geriebener Ingwer
80 ml Sojasauce
1 Birne
1 l veganer Yuksu (siehe S. 28)
eine Prise Zucker
250 g Pul (siehe S. 29)
1 EL Salz

ZUBEREITUNG

Siehe Weißes Chinakohl-Kimchi auf S. 54.

무생채

MUSAENGCHAE

Feines Daikon-Rettich-Kimchi

ZUTATEN

1 Daikon-Rettich
Salz (2 % des Gemüsegewichts)
1 Frühlingszwiebel

MARINADE

1 EL pürierter Knoblauch
1 EL Gochugaru
½ EL Zucker

ZUBEREITUNG

Den Rettich schälen und in 3 mm dünne und 9 cm lange Streifen schneiden oder hobeln (z. B. mithilfe eines Gemüsehobels).
Die Rettichstreifen in einer Schüssel gut mit dem Salz vermischen und 10 Minuten ziehen lassen. Dann die Streifen vorsichtig auspressen und die Flüssigkeit wegschütten.
Die Frühlingszwiebel in schmale Ringen schneiden.
Die Zutaten für die Marinade vermischen und mit den Rettichstreifen und Frühlingszwiebeln vermengen.

TIPP

Noch aromatischer wird dieses Kimchi mit etwas *Aekjeot* (Fischsauce) oder *Saeujeot*.

양배추생채

YANGBAECHU SAENGCHAE

Feines Weißkohl-Kimchi

ZUTATEN

1 Karotte
1 Weißkohl (500 g)
Salz (2 % des Gemüsegewichts)

MARINADE

1 EL pürierter Knoblauch
2 EL Gochugaru
½ EL Zucker
1 EL geröstete Sesamsamen

ZUBEREITUNG

Karotte und Weißkohl in 5 mm dünne Streifen schneiden oder hobeln (z. B. mithilfe eines Gemüsehobels). Karotten- und Weißkohlstreifen mit dem Salz in einer Schüssel vermischen und 10 Minuten ziehen lassen. Anschließend die Gemüsestreifen vorsichtig auspressen und die Flüssigkeit wegschütten. Die Zutaten für die Marinade vermischen und mit den Gemüsestreifen vermengen.

간장 백김치

GANJANG BAEK KIMCHI

Kimchi mit Sojasauce

ZUTATEN

4 Köpfe Chinakohl
Salz (2 % des Gemüsegewichts)
1 Daikon-Rettich
1 kleines Bund Schnittlauch

MARINADE

100 ml veganer Yuksu (siehe S. 28)
150 g Pul (siehe S. 29)
125 g Gochugaru
75 g Knoblauch
1 Birne
½ Zwiebel
15 g Ingwer
100 ml Sojasauce
Salz

ZUBEREITUNG

Die Kohlköpfe halbieren und 6–12 Stunden in einer Schüssel mit Salzwasser ziehen lassen, bis die Blätter sich leicht biegen lassen ohne zu reißen oder zu brechen. Anschließend die Kohlköpfe gründlich waschen und abtropfen lassen.

Für die Marinade den Yuksu mit Pul und Gochugaru vermischen. Knoblauch, Birne, Zwiebel und Ingwer in eine Küchenmaschine geben und pürieren. Dann beide Mischungen miteinander vermengen. Daikon-Rettich grob reiben, Schnittlauch hacken und beides zur Mischung geben. Dann die Sojasauce unterrühren. Alles über die Kohlkopfhälften geben und nach Belieben mit Salz abschmecken.

Das Kimchi 24 Stunden an einem dunklen und kühlen Ort fermentieren und dann in den Kühlschrank stellen. Abhängig von Temperatur und Fermentationsgrad kann man dieses Kimchi nach 10–14 Tagen servieren.

양배추 김치

YANGBAECHU KIMCHI

Weißkohl-Kimchi

ZUTATEN

1 Weißkohl
Salz (2 % des Gemüsegewichts), plus etwas zum Abschmecken
2 rote Chilischoten
1 Frühlingszwiebel
5 Maronen
150 g Kalmar (nach Belieben)
½ kleines Bund Schnittlauch

MARINADE

10–15 getrocknete Aprikosen
250 ml Yuksu (siehe S. 28)
2 EL pürierter Knoblauch (nach Belieben)

ZUBEREITUNG

Für die Marinade die getrockneten Aprikosen mit dem Yuksu mischen. Nach Belieben mit püriertem Knoblauch vermengen und alles etwas ziehen lassen. Anschließend in einer Küchenmaschine pürieren.
Den Kohl in 3 cm große Würfel schneiden. Die Kohlstücke in eine Schüssel geben und mit Salz bestreuen. Ziehen lassen, bis sie sich leicht biegen lassen, ohne dabei zu reißen. Die Chilischoten längs halbieren, entkernen und in 2 cm lange Stücke schneiden. Die Frühlingszwiebel in 3 cm lange Stücke schneiden. Die Maronen hacken. Den Kalmar in einem Topf mit kochendem Wasser garen und anschließend mundgerecht in 3 cm lange Stücke schneiden. Den Schnittlauch grob hacken. Schnittlauch, Maronen und Chilischoten mischen und dann mit der Marinade vermengen. Gesalzene Kohlstücke und Kalmar hinzugeben und nach Belieben mit Salz abschmecken.
Das Kimchi 24 Stunden in einem luftdicht verschlossenen Behälter bei Raumtemperatur fermentieren. Anschließend im Kühlschrank aufbewahren.

나박김치

NABAK KIMCHI

Wasser-Kimchi aus zerkleinertem Gemüse

Traditionell wird Mulkimchi *oder Wasser-Kimchi aus frischem Frühlingsgemüse und Obst zubereitet. Dazu wird beides zu flachen Vierecken geschnitten, damit das Gemüse schneller seine Knackigkeit verliert. Dieses Kimchi zählt zu den frischen Varianten. Oft wird Wasser-Kimchi mit Gazpacho, der erfrischenden Gemüsesuppe, die gern im Sommer serviert wird, verglichen.*

ZUTATEN

1 Chinakohl
500 g Daikon-Rettich
Salz (2 % des Gemüsegewichts), plus etwas zum Abschmecken
50 g Frühlingszwiebeln
25 g Schnittlauch
1 rote Chilischote

MARINADE

1 rote Spitzpaprika
2 grüne Chilischoten
75 g Knoblauch
10 g Ingwer
1 Birne
60 ml Pul (siehe S. 29)
20 g Salz

ZUBEREITUNG

Den Kohlkopf in Blätter zerteilen und diese in 3 x 4 cm große Stücke schneiden. Den Daikon-Rettich schälen, dann in 5 mm dicke Scheiben schneiden und anschließend vierteln. Die Kohlstücke und Rettichviertel in eine Schüssel geben, mit Salz bestreuen. Alles gut vermischen und 30 Minuten ziehen lassen. Anschließend Kohl und Rettich in einem Sieb abtropfen lassen.
Frühlingszwiebeln und Schnittlauch in 3 cm lange Stücke schneiden. Die Chilischote entkernen und in feine Ringe schneiden.
Alle Zutaten für die Marinade mit 250 ml Wasser in einer Küchenmaschine pürieren. Dann die Mischung in einen Baumwollbeutel geben und die Flüssigkeit sanft auspressen. Die abgetropfte Flüssigkeit mit gesalzenem Gemüse, Frühlingszwiebel, Schnittlauch und roten Chilis vermischen. 750 ml Wasser hinzugeben und nach Belieben mit Salz abschmecken.

동치미

DONGCHIMI

Wasser-Kimchi aus Daikon-Rettich

ZUTATEN

2 Daikon-Rettiche
Salz (2 % des Gemüsegewichts)
30 g Zucker
2 kleine Schalotten
2 grüne Chilischoten
1 rote Chilischote
4 Frühlingszwiebeln
2 Scheiben Ingwer

MARINADE

½ Birne
4 Knoblauchzehen

ZUBEREITUNG

Die Daikon-Rettiche schälen und in 4 gleich große Stücke schneiden. Die Stücke in einer Schüssel mit Salz und Zucker mischen und 30 Minuten ziehen lassen.
Die Rettichstücke mit der Ziehflüssigkeit in ein Glas geben und dieses gut verschließen. Die Zutaten für die Marinade mit 2 l Wasser in eine Küchenmaschine geben und pürieren. Ein Passiertuch auf das geöffnete Glas mit den Rettichstücken legen, die Marinade hineingeben, abtropfen lassen und das Glas wieder verschließen. Das Glas einige Tage bei Zimmertemperatur an einem dunklen Ort stehen lassen.
Dann Schalotten schälen, Chilischoten und Frühlingszwiebeln waschen, grob hacken und ins Glas geben. Die Ingwerscheiben ebenfalls hinzufügen.
Das Wasser-Kimchi im Kühlschrank aufbewahren. Erst nach einigen Wochen erhält dieses Kimchi seinen optimalen Geschmack.

TIPP

Etwa 3–4 Stunden vor dem Servieren etwas Kimchisaft abseihen, in eine kleine Schüssel geben, einfrieren und halb gefroren als Granita zum Kimchi reichen.

비트물김치

BEET MULKIMCHI

Wasser-Kimchi aus Roter Bete

ZUTATEN

500 g junge Rote Bete (mit Grün)
Salz (2 % des Gemüsegewichts)
2 Frühlingszwiebeln
1 rote Chilischote (nach Belieben)

MARINADE

50 g Zwiebel
50 g Knoblauch
50 g Apfel oder Birne
1 Scheibe Ingwer
1 EL Fischsauce
½ EL Gochugaru

ZUBEREITUNG

Die Rote Bete mit dem Grün vierteln und in eine Schüssel legen. Mit Salz bestreuen und 30–60 Minuten (je nach Größe der Stücke) ziehen lassen.
Für die Marinade Zwiebel, Knoblauch, Apfel, Ingwer, 250 ml Wasser, Fischsauce und Gochugaru in der Küchenmaschine pürieren. Einen Baumwollbeutel über die Schüssel mit der Roten Bete legen, die Marinade hineingeben und den Beutel so lange sanft ausdrücken, bis die Flüssigkeit abgetropft ist.
Die Frühlingszwiebeln fein hacken und dazugeben. Wer gerne etwas mehr Schärfe mag, schneidet die rote Chilischote in Ringe und gibt nach Belieben einige Chiliringe dazu. Das Kimchi 24–36 Stunden bei Raumtemperatur stehen lassen und anschließend in den Kühlschrank stellen. Nach einer Woche ist der optimale Geschmack erreicht.

TIPP

Etwas übrig gebliebenen Kimchisaft hinzugeben, um die Fermentation zu beschleunigen.

얼갈이배추 물김치

EOLGARI BAECHU MULKIMCHI

Pak-Choi-Wasser-Kimchi

ZUTATEN

1 kg Baby-Pak-Choi
Salz (2 % des Gemüsegewichts)
2 Frühlingszwiebeln

MARINADE

1 Zwiebel
9 große Knoblauchzehen
½ Apfel oder Birne
1 EL Gochugaru
2 rote Chilischoten
1 Scheibe Ingwer
2 EL Fischsauce
1 EL Salz
100 ml Pul (siehe S. 29)

ZUBEREITUNG

Den Pak Choi waschen und längs vierteln. Die Pak Choi-Stücke in eine Schüssel legen, mit Salz bestreuen und etwa 1 Stunde unter gelegentlichem Wenden ziehen lassen.
Wenn die Pak-Choi-Stücke weich sind, diese waschen und ein Stückchen kosten. Schmeckt es leicht salzig, so ist das Kimchi fertig. Dann die Pak Choi-Stücke abtropfen lassen.
Alle Zutaten für die Marinade mit 1 l Wasser in einer Küchenmaschine pürieren. Einen Baumwollbeutel über eine Schüssel legen und die Marinade hineingeben. Den Beutel so lange sanft ausdrücken, bis die Flüssigkeit abgetropft ist. Die Frühlingszwiebeln waschen und putzen und in mundgerechte Stücke schneiden. Pak-Choi- und Frühlingszwiebelstücke in die Schüssel mit der Marinadeflüssigkeit geben. Alles gut mischen. Das Kimchi 24–36 Stunden bei Raumtemperatur stehen lassen und anschließend in den Kühlschrank stellen. Nach einer Woche ist der optimale Geschmack erreicht.

레디쉬물김치

RADISH MULKIMCHI

Radieschen-Wasser-Kimchi

ZUTATEN

350 g Radieschen
Salz (2 % des Gemüsegewichts)

MARINADE

10 g Ingwer
1 Knoblauchzehe
1,2 l Yuksu (siehe S. 28)
60 ml Apfelessig
2 EL Zucker
40 ml Pul
(siehe S. 29)
eine Prise Salz

ZUBEREITUNG

Die Radieschen waschen und mit einem Küchentuch trocken tupfen.
Die Radieschen in eine Schüssel geben. Sanft mit Salz einreiben und 30 Minuten ziehen lassen.
Für die Marinade Ingwer in Scheiben schneiden und Knoblauchzehe grob hacken. Alle Zutaten für die Marinade mischen und in die Schüssel mit den Radieschen geben. Das Kimchi 24 Stunden in den Kühlschrank stellen. Mit Kimchisaft servieren.
Schmeckt erfrischend lecker!

„Der Verzehr von fermentiertem Kimchi ist sehr wichtig, um wieder mit der großen Vielfalt an Mikroorganismen in Berührung zu kommen.“

PROF. LEBEER

Kimchi aus mikrobiologischer Perspektive

Mit freundlicher Genehmigung von Prof. Dr. Lebeer, UAntwerpen

Die Fermentation von Nahrungsmitteln zählt zu den ältesten Verarbeitungsmethoden der Welt. Bereits 6000 v. Chr. wurde diese Konservierungsmethode erstmals verwendet. Sie entstand in dem fruchtbaren Landstrich zwischen Tigris und Euphrat im heutigen Irak. Nach einer überlieferten Legende soll ein arabischer Kaufmann während einer Reise durch die Wüste die Herstellung von Käse erfunden haben. In einem getrockneten Schafsmagen hatte sich die Milch, die er auf die lange Reise mitgenommen hatte, in Käsebruch verwandelt. Diese „neue" Milch erwies sich als sehr haltbar und besser verdaulich. Damit war der Grundstein für die Käseherstellung gelegt. Während der Fermentation bzw. Gärung von Nahrungsmitteln werden – meistens unbewusst – die Stoffwechseleigenschaften guter Bakterien genutzt, um schädliche Bakterien (auch Pathogene genannt) zu bekämpfen. So produzieren Milchsäurebakterien während der sauren Fermentation Milchsäure, während Hefen in der alkoholischen Gärung Alkohol herstellen. Beide sind interessante antimikrobielle Stoffwechselnebenprodukte. Fermentierte Produkte sind länger haltbar und qualitativ hochwertiger als ihre frischen Grundzutaten. Außerdem sind fermentierte Produkte oftmals mit neuen sensorischen Vorteilen (Geschmack, Duft, Textur) ausgestattet, wie etwa bei Oliven: Durch Fermentation wird die enthaltene bittere Phenolverbindung entfernt und die Olive genießbar.
Aus rein mikrobiologischer Sicht lässt sich Fermentation als die Energiegewinnung bakterieller Zellen in einer sauerstofflosen Umgebung definieren. Während dieses „anaeroben" Vorgangs entstehen auch zahlreiche andere Nebenprodukte (neben dem bereits erwähnten Äthanol und der Milchsäure auch Kohlendioxid bzw. Kohlensäure, Essigsäure usw.). Bei der Fermentation von Gemüse wie etwa Kimchi oder von Milchprodukten wie beispielsweise Joghurt handelt es sich meistens um Milchsäuregärung. Neben dieser typischen Fermentation wird auch häufig die alkoholische Gärung für die Herstellung von Nahrungsmitteln wie etwa Wein, Bier und sogar Brot verwendet. Bei der Milchsäuregärung wird im Zuge des ersten Schritts, der Glykolyse, Glucose in Pyruvat verwandelt. Anschließend wird dieses Zwischenprodukt in Energie für die bakterielle Zelle umgesetzt, ein Vorgang, bei dem auch Milchsäure als Nebenprodukt entsteht. Und genau diese Milchsäure ist sehr wichtig für das spätere fermentierte Produkt.

Die Fermentation von Kimchi lässt sich in drei Phasen gliedern.* In der ersten Phase sind die Bakterien, die von Natur aus oftmals auf Gemüse vorkommen, in großen Mengen vorhanden. Meist zählen diese Bakterien zur Familie der Proteobakterien. Häufig vorkommende Gattungen der Enterobakterien-Gruppe sind *Pseudomonas*, *Salmonella*, *Enterobacter* sowie *Vibrio*.** Meistens sind diese Bakterien unerwünscht und können Verdauungsprobleme auslösen. Aus diesem Grund muss die Fermentation ausreichend lang dauern. In der zweiten Phase erscheinen oftmals mehr erwünschte Milchsäurebakterienarten, welche der Gattung *Leuconostoc* (überwiegend *Leuconostoc mesenteroides* und *Leuconostoc gelidum*) zugeordnet werden. Diese tragen maßgeblich zum frisch-sauren Geschmack bei. In der dritten und letzten Phase dominieren in erster Linie Arten der Gattungen *Weissella* (überwiegend *Weissella cibaria* und *Weissella koreensis*) sowie *Lactobacillus* (überwiegend *Lactobacillus sakei* und *Lactobacillus plantarum*) den Fermentationsprozess. Bei der Fermentation von Kimchi nimmt die Anzahl von Bakterien explosionsartig zu. Am Ende der Fermentation kann ihre Zahl von 1 Million auf 1 Milliarde Zellen je Gramm fermentiertes Kimchi ansteigen!

* Jung et al., 2013
** Jung et al., 2011

Die Vor- und Nachteile von Kimchi

Wegen des großen Variantenreichtums und der spontanen Natur der Fermentation von Kimchi können die Endprodukte sehr unterschiedlich sein. Das mag zwar interessant sein für Küchenexperimente, aber erleichtert nicht gerade die Qualitätskontrolle. So wissen wir zum Beginn der Fermentation nicht, welche „schlechten“ oder unerwünschten Bakterien sich auf dem Chinakohl oder anderen Zutaten (und sogar in Gläsern) befinden. So oder so dürfen diese nicht die Fermentation beherrschen.
Aus diesem Grund sollte Kimchi vorzugsweise mit so wenig wie möglich Sauerstoffkontakt im Glas und unter Hinzugabe von etwas Salz hergestellt werden, um das Wachstum unerwünschter Bakterien zu stoppen. Nach dem Entstehen der Milchsäurebakterien werden sie in der Regel über die Milchsäure und anderen Metaboliten die schlechten Mikroorganismen beherrschen. Wie lange dieser Vorgang jedoch dauert, weiß niemand. Oft findet die Fermentation von Kimchi über einen kurzen Zeitraum bei 20 °C und anschließend länger bei kühleren Temperaturen statt.
Aus diesem Grund wurde Kimchi früher oft in den Wintermonaten hergestellt. Heute werden jedoch spezielle Kimchi-Kühlschränke verwendet, die nur für die Herstellung von Kimchi produziert werden. Da bei einer spontanen Fermentation nicht alles steuer- und kontrollierbar ist, sind v. a. große Hersteller von fermentierten Lebensmitteln an einer Standardisierung des Prozesses interessiert. Dies geschieht unter anderem, indem Milchsäurebakterien als Starterkulturen zugesetzt werden, um einen Wettbewerbsvorteil gegenüber den „schlechten Bakterien“ zu erreichen. Auch können spezifische probiotische Stämme hinzugegeben werden, deren positive Wirkung auf die Gesundheit bereits erwiesen wurde.

Kimchi, eine Quelle mikrobieller Diversität

Dank verschiedener epidemiologischer Studien wissen wir heute, dass Kontakt zu Mikroorganismen größter Vielfalt erforderlich ist, um einen optimalen Aufbau unseres Immunsystems zu gewährleisten. Diese Erkenntnis formulierte David Strachan 1989 und nannte sie die „Hygienehypothese“. Aufgrund der zunehmenden Urbanisierung, kleinerer Familien und allgemein größerer Hygiene kommen wir täglich immer weniger mit Mikroorganismen in Berührung. Außerdem werden immer mehr Nahrungsmitteln sterilisiert und pasteurisiert (z. B. pasteurisierte H-Milch).
Der Verzehr traditionell fermentierter Produkte, die eine große Menge unterschiedlichster Mikroorganismen enthalten, kann ein Weg sein, um diesen erforderlichen Kontakt aufrechtzuerhalten.

Die gesundheitlichen Vorteile von Kimchi

Der große Unterschied zwischen Kimchi und frischem Gemüse besteht in der Diversität und Konzentrationsdichte der Milchsäurebakterien. Deshalb werden wir hier v. a. auf die potenziell positiven Gesundheitseffekte von Kimchi eingehen, die mehrschichtig sind:

- die diverse und relativ hohe Konzentration an „guten" Milchsäurebakterien;
- die Ballaststoffe;
- die Vitamine und Mineralien (mehr als in Milchprodukten);
- das Fehlen von Laktose und Milcheiweiß, die Unverträglichkeiten auslösen können.

김치만두

KIMCHI MANDU

Kimchi-Teigtaschen

ZUTATEN

100 g Dangmyeon-Glasnudeln
110 g Tofu
50 g Schnittlauch
1 Zwiebel
350 g Kimchi (Lauch-Kimchi, siehe S. 40, Kohlrabi-Kimchi, siehe S.49, Chinakohl-Kimchi, siehe S. 58, Daikon-Rettich-Kimchi, siehe S. 68, oder Weißkohl-Kimchi, siehe S. 72)
200 g gemischtes Hackfleisch

3 EL Sojasauce
1 EL pürierter Knoblauch
2 EL Gochugaru
1 EL Sesamöl
Pfeffer

1 Päckchen Mandu-Teig (Tiefkühlware aus dem Asia-Laden)
Pflanzenöl zum Braten

ZUBEREITUNG

Die Glasnudeln in einem Topf mit Wasser garen, kalt abschrecken und in einem Sieb abtropfen lassen.
Dann die Glasnudeln in kleine Stücke schneiden. Den Tofu in ein Baumwolltuch geben und auspressen. Den Schnittlauch in 2 cm große Röllchen schneiden.
Die Zwiebel fein würfeln. Das Kimchi in einen Baumwollbeutel füllen und so viel Flüssigkeit wie möglich herauspressen. Dann die verbliebenen Inhaltstoffe fein hacken.
Für die Füllung Glasnudelstücke, Tofu, Zwiebel, Hackfleisch, Kimchi (ohne Flüssigkeit), Sojasauce, Knoblauch, Gochugaru und Sesamöl miteinander vermischen.
Die Mischung mit Pfeffer abschmecken. Anschließend 1 Mandu-Teigblatt auf die Arbeitsfläche legen und die Ränder mit etwas Wasser befeuchten. Etwas Füllung auf die Mitte des Teigblatts setzen und die Ränder zusammenklappen.
Wichtig: Auf den Rändern darf sich keine Füllung befinden! In den Teigtaschen darf keine Luft sein und die Ränder sollten gut mit Wasser verschlossen sein!
Nun können Sie diese Mandu-Teigtaschen backen: Dazu die Teigtaschen in etwas Pflanzenöl in einer Pfanne rundum goldbraun backen. Oder die Teigtaschen etwa 5 Minuten in einem Topf dämpfen, bis der Teig glasig (nicht mehr weiß) ist. Die fertigen Dumplings mit einem Dip (siehe S. 30) servieren.

채식 김치만두

CHAESIK KIMCHI MANDU

Vegane Kimchi-Teigtaschen

ZUTATEN

10 frische Shiitakes
1 Karotte
100 g Dangmyeon-Glasnudeln
110 g Tofu
50 g Schnittlauch
1 Zwiebel
350 g Kimchi (Lauch-Kimchi, siehe S. 40, Kohlrabi-Kimchi, siehe S.49, Chinakohl-Kimchi, siehe S. 58, Daikon-Rettich-Kimchi, siehe S. 68, oder Weißkohl-Kimchi, siehe S. 72)
3 EL Sojasauce
1 EL pürierter Knoblauch
2 EL Gochugaru
1 EL Sesamöl
Pfeffer

1 Päckchen Mandu-Teig (Tiefkühlware aus dem Asia-Laden)
Pflanzenöl zum Braten

ZUBEREITUNG

Die Shiitakes mindestens 30 Minuten in einer Schüssel mit Wasser einweichen, bis sie sich weich anfühlen. Die Flüssigkeit vorsichtig herauspressen, die Stiele entfernen und die Köpfe fein hacken. Die Karotte schälen und in 3 mm dünne Streifen schneiden oder hobeln (z. B. mithilfe eines Gemüsehobels).
Die Glasnudeln in einem Topf mit Wasser garen, kalt abschrecken und in einem Sieb abtropfen lassen.
Dann die Glasnudeln in Stücke schneiden. Den Tofu in ein Baumwolltuch legen und sanft auspressen. Den Schnittlauch in 2 cm große Stücke schneiden.
Die Zwiebel fein würfeln. Das Kimchi in einen Baumwollbeutel füllen und so viel Flüssigkeit wie möglich herauspressen. Die verbliebenen Inhaltsstoffe fein hacken.
Shiitakes, Karottenstreifen, Glasnudeln, Tofu, Schnittlauch, Zwiebel, Kimchi (ohne Flüssigkeit), Sojasauce, Knoblauch, Gochugaru und Sesamöl vermischen. Die Mischung mit Pfeffer abschmecken. Anschließend 1 Mandu-Teigblatt auf eine saubere Arbeitsfläche legen und die Ränder mit etwas Wasser befeuchten. Etwas Füllung auf die Teigblattmitte geben und die Ränder zusammenklappen.
Wichtig: Auf den Rändern darf sich keine Füllung befinden! In den Teigtaschen darf keine Luft sein und die Ränder sollten gut mit Wasser verschlossen sein!
Die Teigtaschen in etwas Pflanzenöl in einer Pfanne rundherum goldbraun backen oder die Teigtaschen in etwa 5 Minuten in einem Topf dämpfen, bis der Teig glasig ist (nicht mehr weiß). Die Teigtaschen mit einem Dip (siehe S. 30) servieren.

김치만두국

KIMCHI MANDUGUK

Kimchi-Suppe mit Teigtaschen

ZUTATEN

½ Karotte
2 Frühlingszwiebeln
1 Gim-Blatt
Yachaeyuksu (siehe S. 28)
Kimchi Mandu (siehe S. 90)
2 Eier
Salz und Pfeffer

ZUBEREITUNG

Die Karotte schälen und in feine Scheiben schneiden. Die Frühlingszwiebeln in feine Ringe schneiden. Den Gim auf beiden Seiten unter dem Backofengrill knusprig rösten. Achtung, damit das Blatt nicht verbrennt! Das geröstete Gim-Blatt über einer tiefen Schale zerbröckeln und beiseitestellen.
Yachaeyuksu bei starker Hitze in einem Topf aufkochen. Die Hitze reduzieren, dann die Teigtaschen und die Karottenscheiben dazugeben. Mit Salz und Pfeffer abschmecken. Regelmäßig umrühren, damit die Teigtaschen nicht am Boden anhaften. Sie sind gar, sobald sie an die Wasseroberfläche steigen. Die Eier trennen, in die Brühe gleiten lassen und warten, bis sich weiße und gelbe Fäden gebildet haben.
Die Suppe in eine Suppenschüssel geben und mit Frühlingszwiebel und Gim garniert servieren. Einen Soja-Dip (siehe S. 30) dazu servieren.

호박꽃전

HOBAK KKOTJEON

Gefüllte Zucchiniblüten mit Kimchi

ZUTATEN

100 g Tofu
55 g Kimchi (Lauch-Kimchi, siehe S. 40, Kohlrabi-Kimchi, siehe S.49, Chinakohl-Kimchi, siehe S. 58, Daikon-Rettich-Kimchi, siehe S. 68, oder Weißkohl-Kimchi, siehe S. 72)
25 g Zucchini
1 Frühlingszwiebel
Salz und Pfeffer
8 Zucchiniblüten
3 Eier
Weizenmehl (Type 405) zum Bestreuen
Pflanzenöl zum Braten

ZUBEREITUNG

Den Tofu in ein Baumwolltuch legen und sanft auspressen. Das Kimchi ebenfalls mithilfe eines Baumwolltuchs auspressen, dabei den Saft auffangen und diesen für anderweitige Verwendung beiseitestellen. Die festen Kimchibestandteile und die Zucchini fein hacken. Die Frühlingszwiebel in feine Ringe schneiden.
Das Gemüse mit Tofu, etwas Salz und Pfeffer vermischen. Die Zucchiniblüten vorsichtig mit kaltem Wasser waschen und trocken tupfen. Die Blüten mit der Gemüsemischung füllen und die gefüllten Blüten in eine Schüssel legen. Die Eier verquirlen und auf einen Teller geben. Die gefüllten Blüten rundherum mit etwas Mehl bestreuen. Überschüssiges Mehl abklopfen und die Blüten in den verquirlten Eiern wenden. Dann die Blüten in etwas Pflanzenöl in einer Pfanne rundherum goldbraun backen.
Mit Soja-Dip mit Essig (siehe S. 31) servieren.

돼지갈비 김치찜 DWAEJI GALBI KIMCHI JJIM

Kimchi-Schweinerippchen-Suppe

VON MARCELO BALLARDIN

Die beliebte koreanische Kochsendung Hansik Daech Up *hat internationale Starköche für einen Kochwettbewerb angefragt. Zu ihnen zählte auch Marcelo Ballardin, der Sternekoch des im belgischen Gent ansässigen Restaurants* Oak. *Die Küchenchefs, denen die koreanische Küche völlig unbekannt war, sollten dabei koreanische Klassiker zubereiten. Am 17. November 2018 verfolgten 25 Millionen Koreaner das Finale dieses Korean Food Battle. Marcelo und seine Mentorin, die er liebevoll „Mama" nennt, gewannen mit diesem Rezept die begehrte Auszeichnung.*

ZUTATEN

1 Schweinerippe (700 g)
¼ Chinakohl-Kimchi (siehe S. 58)
750 ml Yuksu (siehe S. 28)
100 ml Kimchisaft
½ EL Sojasauce
1 TL Gochugaru
½ TL Gochujang
1 TL Zucker
1 EL pürierter Knoblauch
Salz und Pfeffer
1 rote Chilischote
1 weiße Zwiebel
1 Frühlingszwiebel
1 TL Perillaöl

ZUBEREITUNG

Das Fleisch 20 Minuten in einer Schüssel mit kaltem Wasser einweichen, um Blutreste und den Blutgeruch zu entfernen. Anschließend 1,5 l Wasser in einem Topf zum Kochen bringen, die Rippe hineingeben und 10 Minuten garen.

In einem zweiten Topf das gegarte Fleisch mit Kimchi, Yuksu, Kimchisaft, Sojasauce, Gochugaru, Gochujang, Zucker, Knoblauch und etwas Salz und Pfeffer vermischen. Alles zum Kochen bringen.

Die Mischung bei mittlerer Hitze köcheln lassen, bis das Kimchi weich ist. Das Geheimnis dieses Rezepts ist die Garzeit: Das Gericht sollte so lange und so sanft wie möglich gegart werden, damit es seinen Geschmack voll entfalten kann.

Inzwischen Chilischote, Zwiebel und Frühlingszwiebel fein hacken, über die Suppe streuen und alles noch einmal 5 Minuten schmoren lassen. Die Suppe mit etwas Perillaöl beträufeln und mit Reis servieren.

„Das erste Mal, dass ich diese Suppe aß, war in Seoul um 2 Uhr nachts – zusammen mit meiner guten Freundin Jiyoon Son. Wir hatten Hunger und waren ein wenig beschwipst. Sie fragte, ob ich Lust auf eine pikante Schweinerippchensuppe hätte. Ich sagte Ja – zum Glück. Ich liebe die Schlichtheit dieser Suppe.

Diese pikante und herzhafte Suppe ist ein einfaches Gericht, das sich leicht nach eigenem Gusto variieren lässt. Wie scharf sie wird, hängt nur davon ab, wie viel Gochujang man verwendet – und das hat man selbst in der Hand. Guten Appetit!"

MARCELO BALLARDIN

OAK

김치찌개

KIMCHI JJIGAE

Kimchi-Schmortopf

Dieses Kimchi Jjigae *schmeckt am besten, wenn dafür ein Kimchi verwendet wird, das lange fermentiert wurde und seinen vollen Geschmack entwickelt hat. Je nach Fermentationsdauer eignet sich ein Kimchi, das bereits einige Monate alt ist, z. B.* 묵은김치 (mugeunkimchi *oder „alter Kimchi“) oder* 신김치 (sinkimchi, *wörtlich „saurer Kimchi“). Lassen Sie daher ein Kimchi einfach mal einige Monate stehen, um es anschließend für die Zubereitung köstlicher Schmortöpfe, Suppen, Kimchi-Pfannkuchen und gebackenen Reis mit Kimchi zu verwenden.*

ZUTATEN

200 g Bauchspeck
½ Zwiebel
250 g altes, saures Kimchi (Kohlrabi-Kimchi, siehe S. 49, oder Chinakohl-Kimchi, siehe S. 58)
2 EL Soju
1 EL Gochugaru
½ EL Doenjang
2 TL Fischsauce
2 TL pürierter Knoblauch
500 ml Yuksu (siehe S. 28)
5 EL Kimchisaft
100 g Tofu
1 grüne Chilischote (nach Belieben)
Salz und Pfeffer
½ EL Zucker (nach Belieben)
Sesamöl (nach Belieben)
2 Frühlingszwiebeln

ZUBEREITUNG

Den Bauchspeck mit kaltem Wasser abwaschen, anschließend in einem Topf mit kochendem Wasser blanchieren, bis sich das Fleisch hell verfärbt. Das Fleisch herausnehmen und mit Küchenpapier trocken tupfen. Dann in 1 cm dicke Scheiben schneiden und in einem Schmortopf scharf anbraten. Zwiebel und Kimchi in 3 x 3 cm große Stücke schneiden und zum Fleisch geben. Soju, Gochugaru, Doenjang, Fischsauce, Knoblauch, Yuksu und Kimchisaft dazugeben und alles köcheln lassen, bis der Bauchspeck gar ist. Inzwischen den Tofu in 1,5 cm dicke Scheiben schneiden. Die grüne Chilischote in Ringe schneiden. Die Temperatur des Schmortopfs auf schwache Hitze reduzieren, einige Chilischotenringe (nach Belieben) und die Tofuscheiben hinzugeben. Nach Belieben mit Salz, Pfeffer, Zucker und etwas Sesamöl abschmecken. Die Frühlingszwiebeln grob hacken und den Schmortopf damit garnieren.

채식 김치찌개

CHAESIK KIMCHI JJIGAE

Veganer Kimchi-Schmortopf

ZUTATEN

150 g Daikon-Rettich
5 braune Champignons

ZUBEREITUNG

Siehe S. 102.
Statt des Fleischs Daikon-Rettich und in mundgerechte Stücke geschnittene Champignons verwenden. Mit Sojasauce statt mit Fischsauce abschmecken.

김치순두부찌개

KIMCHI SOONDUBU JJIGAE

Kimchi-Schmortopf mit Seidentofu

ZUTATEN

500 ml Yuksu (siehe S. 28)
½ Zwiebel
125 g altes, saures Kimchi (Kohlrabi-Kimchi, siehe S. 49, oder Chinakohl-Kimchi, siehe S. 58)
1 Seidentofu
5 EL Kimchisaft
1 EL Gochugaru
2 TL Fischsauce
2 TL pürierter Knoblauch
5 Riesengarnelen
15 Muscheln
1 Frühlingszwiebel
1 rote Chilischote (nach Belieben)
Zucker (nach Belieben)
Salz und Pfeffer
1 Ei (nach Belieben)
100 g Enoki-Pilze

ZUBEREITUNG

Yuksu in einen Topf geben. Zwiebel und Kimchi fein hacken und Seidentofu in Stücke schneiden. Zwiebel, Kimchi, Kimchisaft, Gochugaru, Fischsauce und Knoblauch dazugeben und alles zum Kochen bringen. Dann Riesengarnelen, Muscheln und Seidentofu dazugeben, alles köcheln lassen. Inzwischen Frühlingszwiebel hacken und Chilischote in Ringe schneiden. Frühlingszwiebeln zum Schmortopf hinzugeben und alles mit etwas Zucker (nach Belieben), Chiliringen (nach Belieben), Salz und Pfeffer abschmecken.
Das Ei (nach Belieben) in eine Pfanne geben und einige Minuten braten. Das Ei über den Schmortopf geben. Mit Enoki-Pilzen garnieren und mit Reis servieren.

돼지수육

DWAEJI SUYUK

Bauchspeck mit Kimchi

ZUTATEN

2 kg Bauchspeck
1 Zwiebel
5 Knoblauchzehen
1 Sternanis
2 Nelken
1 Zimtstange
5 schwarze Pfefferkörner
1 Scheibe Ingwer
1 EL grobes Salz
4 EL fermentierte Sojabohnenpaste
2 l Wasser oder Yuksu (siehe S. 28)
Kimchi (Chinakohl-Kimchi, siehe S. 58,
oder Daikon-Rettich-Kimchi, siehe S. 68)
einige grüne Salatblätter
fermentierte Garnelen (nach Belieben)

ZUBEREITUNG

Den Bauchspeck 15 Minuten in einer Schüssel mit kaltem Wasser einweichen. Anschließend das Fleisch einige Minuten in einem Topf mit kochendem Wasser blanchieren. Abgießen und das Fleisch mit kaltem Wasser abwaschen. Dann den Bauchspeck wieder in den Topf geben. Zwiebel, Knoblauchzehen, Sternanis, Nelken, Zimtstange, schwarze Pfefferkörner, Ingwerscheibe, Salz und Sojabohnenpaste dazugeben. So viel Wasser oder Yuksu dazugeben, bis das Fleisch vollständig bedeckt ist. Alles bei mittlerer Hitze kochen, bis das Fleisch gar ist.
Das Fleisch aus der Brühe nehmen und in 5 mm dicke Scheiben schneiden. Je eine Scheibe Bauchspeck, etwas Kimchi und einige fermentierte Garnelen (nach Belieben) auf ein Salatblatt geben und diese zu „Aromapäckchen" zusammenfalten. Sofort genießen.

호박김치 찌개

HOBAK KIMCHI JJIGAE

Schmortopf mit Kürbis-Kimchi

ZUTATEN

150 g Bauchspeck
Salz und Pfeffer
1 EL Soju
300 g Kürbis-Kimchi (siehe S. 42)
1 EL pürierter Knoblauch
5 EL Kimchisaft
1 EL Doenjang
1,25 l Yuksu (siehe S. 28)
½ EL Gochugaru (nach Belieben)
½ Lauch
1 EL Sesamöl

ZUBEREITUNG

Das Fleisch mit kaltem Wasser waschen und anschließend 5 Minuten in einem Topf mit kochendem Wasser blanchieren.
Das Fleisch in 2 x 2 cm große Würfel schneiden. Einen Schmortopf erhitzen. Das Fleisch mit etwas Salz und Pfeffer würzen und im Schmortopf leicht anbraten.
Soju, Kürbis-Kimchi, Knoblauch, Kimchisaft, Doenjang und Yuksu hinzugeben und alles bei schwacher Hitze köcheln lassen, bis das Fleisch zart ist.
Nach Belieben mit Salz oder Gochugaru abschmecken.
Den Lauch hacken. Den Schmortopf mit Sesamöl und Lauch garnieren. Mit Reis servieren.

김치비빔국수

KIMCHI BIBIM GUKSU

Nudeln mit Kimchi

ZUTATEN

100 g Buchweizen- oder Hartweizennudeln
1–2 Eier
100 g Kimchi (Chinakohl-Kimchi, siehe S. 58, Daikon-Rettich-Kimchi, siehe S. 68, oder Pak-Choi-Wasser-Kimchi, siehe S. 81)
½ dünne Salatgurke
1 EL Sesamöl
Chogochujang (siehe S. 30)
geröstete Sesamsamen zum Garnieren

ZUBEREITUNG

Die Nudeln in einem Topf mit kochendem Wasser garen, abgießen und kalt abschrecken. Die Nudeln in einem Sieb abtropfen lassen.
Frische Eier pochieren. Ältere Eier 4 Minuten kochen. Die Eier pellen und längs halbieren. Das Kimchi fein hacken.
Die Salatgurke in dünne, 7 cm große Streifen schneiden oder hobeln (z. B. mit dem Gemüsehobel).
Das gehackte Kimchi in eine Servierschale geben.
Die Hände mit etwas Sesamöl einreiben und die Nudeln zu einem Turm drehen. Den Nudelturm in die Schale geben, etwas Chogochujang darüberträufeln und Gurkenstreifen darübergeben. Mit pochiertem oder gekochtem Ei garnieren und mit Sesam bestreuen.
Bibim heißt wörtlich „vermengen“: Vor dem Essen sollten Sie dieses Gericht daher gut mischen! Nach Belieben mit etwas Chogochujang abschmecken.

김치전

KIMCHI JEON

Kimchi-Pfannkuchen

ZUTATEN

250 g altes Kimchi (Kohlrabi-Kimchi, siehe S. 49, Chinakohl-Kimchi, siehe S. 58, Daikon-Rettich-Kimchi, siehe S.68, oder Weißkohl-Kimchi, siehe S. 72)
¼ Zwiebel
3 EL Kimchisaft
125 g Weizenmehl (Type 405)
60 ml Wasser oder Yuksu (siehe S. 28)
eine Prise Zucker
Gochujang oder Salz
Pflanzenöl zum Braten

ZUBEREITUNG

Kimchi und Zwiebel fein hacken, dann mit Kimchisaft, Mehl und Wasser oder Yuksu und etwas Zucker vermischen.
Nach Belieben mit etwas Gochujang oder Salz abschmecken.
Etwas Öl in einer Pfanne erhitzen und aus der Mischung Pfannkuchen backen.

김치김밥

KIMCHI GIMBAP

Seetangrolle mit Kimchi

Gimbap *ist einfach zuzubereiten, schmeckt köstlich und ist gesund. Es ist ein beliebtes Gericht für jede Gelegenheit und bietet sich an für die Verwertung von Resten. Früher wurden traditionell am 15. Tag des ersten Mondmonats mit weißem Reis gefüllte Seetangröllchen gegessen. Im Laufe der Jahre kamen zum Reis Karotte, Eigelb und Spinat hinzu. Man folgte damit der* Obangsaek-*Philosophie, nach der ein ausgewogenes Gericht aus fünf Farben bestehen soll. Im Prinzip lassen sich bei diesem Rezept alle Zutaten durch andere ersetzen. Hier einige Vorschläge:*

ZUTATEN

Variante 1
gekochter Reis
Sesamöl
geröstete Sesamsamen
Salz
Gim-Blätter
Perillablätter, gehackt
Danmuji (siehe S. 148)
Sigeumchi Namul (siehe S. 181)
Musaengchae (siehe S. 68)
Kochschinken, gehackt
Omelett, gehackt

Variante 2
gekochter Reis
Sesamöl
geröstete Sesamsamen
Salz
Gim-Blätter
Danmuji (siehe S. 148)
Gochujang Jeyuk Bokkeum (siehe S. 176)
Pa Kimchi (siehe S. 44)
junge Gemüsesprossen

Variante 3
gekochter Reis
Sesamöl
geröstete Sesamsamen
Salz
Gim-Blätter
Perillablätter, gehackt
Kimchi Bokkeumbap (siehe S. 118)
Danmuji (siehe S. 148)
Sigeumchi Namul (siehe S. 181)

ZUBEREITUNG

Den gekochten Reis in einer Schüssel lockern und mit etwas Sesamöl, Sesam und Salz abschmecken.
Ein Gim-Blatt mit der glänzenden Seite nach unten auf ein Schneidebrett oder eine Sushimatte legen.
Die Reismischung so dünn und gleichmäßig wie möglich auf dem Blatt verteilen. An einer Seite einen 2 cm breiten Rand frei lassen. Alle restlichen Zutaten für die Füllung je nach Variante mischen und auf dem Reis parallel zum freigelassenen Rand verteilen.
Das Gim-Blatt aufrollen, leicht andrücken und die Luft aus der Rolle vorsichtig herauspressen.
Den frei gelassenen Rand mit Wasser bestreichen und andrücken.
Die Gimbap-Röllchen 5 Minuten ruhen lassen. Dann mit etwas Sesamöl bestreichen und mit einem scharfen Messer in 2 cm dicke Scheiben schneiden.
Mit Choganjang (siehe S. 31) als Dip servieren.

빈대떡

BINDAETTEOK

Pfannküchlein aus Mungbohnen und Kimchi

ZUTATEN

250 g geschälte, gelbe Mungbohnen
250 g altes Kimchi (Kohlrabi-Kimchi, siehe S. 49, Chinakohl-Kimchi, siehe S. 58, Daikon-Rettich-Kimchi, siehe S. 68, Weißkohl-Kimchi, siehe S. 72, oder Kimchi mit Sojasauce, siehe S. 71)
5 Frühlingszwiebeln
150 g Sojasprossen
150 g Bauchspeck, fein gewürfelt, oder Schweinehack
1 EL pürierter Knoblauch
Salz und Pfeffer
Pflanzenöl zum Braten

ZUBEREITUNG

Die Mungbohnen 12 Stunden in einem großen Topf mit Wasser einweichen. Die eingeweichten Bohnen in ein Sieb abgießen und mit kaltem Wasser waschen. Anschließend die Mungbohnen in einer Küchenmaschine oder mit einem Stabmixer mit 125 ml Wasser zu einer cremigen Paste verrühren. Die Konsistenz sollte wie sehr grob gemahlene Pfefferkörner sein.
Das Kimchi in 5 mm große Stücke hacken. Die Frühlingszwiebeln in Ringe schneiden. Die Sojasprossen blanchieren, abtropfen lassen und in mundgerechte Stücke hacken. Mungbohnenpaste, Kimchi, Frühlingszwiebeln, Sojasprossen, Bauchspeck und Knoblauch miteinander vermischen und mit Salz und Pfeffer abschmecken. Achtung: Nicht zu viel Salz verwenden, da die Pfannküchlein später mit einer Sojasauce zum Dippen serviert werden!
Etwas Öl (nach Belieben mit einem Rest Bauchspeckfett) in einer Pfanne erhitzen. Darin aus der Mungbohnenmischung 7–10 cm große Pfannküchlein backen. Nach Bedarf noch etwas Öl in die Pfanne geben.
Die Pfannküchlein mit einem Dip aus gepökeltem Gemüse (siehe S. 146) servieren und dazu etwas rohe Zwiebeln essen.

TIPP

Die Pfannkuchen sollten erst dann gewendet werden, wenn die Unterseite goldbraun und knusprig ist. Ziel ist es, den Pfannkuchen auf jeder Seite genau auf den Punkt zu backen und nicht mehr wenden zu müssen. Letzteres kann dazu führen, dass er zerfällt.

채식 빈대떡

CHAESIK BINDAETTEOK

Vegane Pfannküchlein aus Mungbohnen und Kimchi

ZUTATEN

250 g geschälte, gelbe Mungbohnen
250 g altes Kimchi (Kohlrabi-Kimchi, siehe S. 49, Chinakohl-Kimchi, siehe S. 58, Daikon-Rettich-Kimchi, siehe S. 68, Weißkohl-Kimchi, siehe S. 72, oder Kimchi mit Sojasauce, siehe S. 71)
5 Frühlingszwiebeln
200 g Sojasprossen
100 g Seitan (veganes Hackfleisch)
1 EL pürierter Knoblauch
Salz und Pfeffer
Pflanzenöl zum Braten

ZUBEREITUNG

Die Mungbohnen 12 Stunden in einem großen Topf mit Wasser einweichen. Die eingeweichten Bohnen in ein Sieb abgießen und mit kaltem Wasser waschen. Anschließend die Mungbohnen in einer Küchenmaschine oder mit einem Stabmixer mit 125 ml Wasser zu einer cremigen Paste verrühren. Die Konsistenz sollte wie sehr grob gemahlene Pfefferkörner sein.
Das Kimchi in 5 mm große Stücke hacken. Die Frühlingszwiebeln in Ringe schneiden. Die Sojasprossen blanchieren, abtropfen und in mundgerechte Stücke hacken. Mungbohnenpaste, Kimchi, Frühlingszwiebeln, Sojasprossen, Seitan und Knoblauch vermischen. Alles mit Salz und Pfeffer abschmecken. Achtung: Nicht zu viel Salz verwenden, da die Pfannküchlein später mit einer Sojasauce zum Dippen serviert werden!
Etwas Öl in einer Pfanne erhitzen. Darin aus der Mungbohnenmischung 7–10 cm große Pfannküchlein backen. Nach Bedarf noch etwas Öl in die Pfanne geben.
Die Pfannküchlein mit einem Dip aus gepökeltem Gemüse (siehe S. 146) servieren und dazu etwas rohe Zwiebeln essen.

TIPP

Siehe S. 114.

김치볶음밥

KIMCHI BOKKEUM BAP

Gebackener Reis mit Kimchi

ZUTATEN

½ rote Zwiebel
80 g altes Kimchi (Lauch-Kimchi, siehe S. 40, Kohlrabi-Kimchi, siehe S. 49, Chinakohl-Kimchi, siehe S. 58, Daikon-Rettich-Kimchi, siehe S. 68, Weißkohl-Kimchi, siehe S. 72, oder Kimchi mit Sojasauce, siehe S. 71)
1 Frühlingszwiebel
Pflanzenöl zum Braten
1 TL pürierter Knoblauch
1 Schüssel gekochter Reis
1 EL Kimchisaft
1 EL Sojasauce
1 EL Gochujang
1 EL geröstete Sesamsamen
1 EL Sesamöl
Salz
1 Ei
1 Gim-Blatt

ZUBEREITUNG

Rote Zwiebel und Kimchi fein hacken. Die Frühlingszwiebel in 5 mm dicke Scheiben schneiden. Das Öl in einer Pfanne erhitzen. Zwiebel, Knoblauch und Kimchi darin dünsten. Reis und Frühlingszwiebel hinzugeben und etwa 5 Minuten pfannenrühren. Kimchisaft, Sojasauce, Gochujang, Sesam und Sesamöl hinzugeben und alles mit Salz abschmecken. Pfannenrühren, bis der Reis knusprig ist.
In einer zweiten Pfanne etwas Öl erhitzen. Das Ei hineinschlagen und ein Spiegelei braten.
Das Gim-Blatt über dem Reis zerbröckeln. Das Spiegelei darübergeben und servieren.

TIPP

Dieses Gericht wird noch reichhaltiger mit einigen Stückchen Bauchspeck: Das Fleisch mit Knoblauch und Zwiebeln anbraten und anschließend die anderen Zutaten dazugeben.

깍두기 미네스토네

KKAKDUKI MINESTRONE

Minestrone mit Kohlrabi-Kimchi

ZUTATEN

½ weiße Zwiebel
½ rote Zwiebel
1 Stangensellerie (mit Grün)
2 Karotten (mit Grün)
¼ Fenchel (mit Grün)
Olivenöl zum Braten
1 EL pürierter Knoblauch
3 Scheiben Räucherspeck
100 g Gartenbohnen, grob gehackt
150 g Daikon-Rettich-Kimchi (siehe S. 68)
1 Lorbeerblatt
Thymian, gehackt
500 g geschälte, frische Tomaten
oder 400 g Dosentomaten
625 ml Yuksu (siehe S. 28)
60 ml Kimchisaft
1 EL Gochugaru
oder 1 rote Chilischote, gehackt
Salz und Pfeffer
½ Zucchini, grob gehackt
frisch gehackte Petersilie und Basilikum
zum Garnieren
Pecorino (nach Belieben)

ZUBEREITUNG

Weiße und rote Zwiebel, Stangensellerie, Karotten und Fenchel waschen und putzen und in mundgerechte Stücke schneiden. Das Grün grob hacken und für die Garnierung beiseitelegen. Das Öl in einer Pfanne erhitzen und darin Zwiebel, Knoblauch, Stangensellerie, Karotte und Fenchel dünsten. Dann Speck, Bohnen, Kimchi, Lorbeerblatt und Thymian dazugeben und einige Minuten mit aufgelegtem Deckel mitdünsten. Anschließend Tomaten, Yuksu und Kimchisaft hinzugeben. Mit Gochugaru oder frischer Chilischote, Salz und Pfeffer abschmecken. Wenn das Gemüse weich ist, die Zucchini dazugeben und bissfest garen. Großzügig mit frischem Grün von Sellerie, Karotte, Fenchel sowie mit Petersilie und Basilikum garnieren. Zum Schluss mit Pecorino garnieren und mit etwas Reis servieren.

무생채 크로크므슈

MUSAENGCHAE CROQUE MONSIEUR

Croque Monsieur mit Daikon-Rettich-Kimchi

ZUTATEN

2 dicke Scheiben Brot
1 dicke Scheibe Kochschinken
1 Kugel Mozzarella, in Scheiben geschnitten
einige grüne Salatblätter
Daikon-Rettich-Kimchi (siehe S. 68), Flüssigkeit abgetropft
Butter zum Bestreichen
Pflanzenöl zum Braten

ZUBEREITUNG

Eine Brotscheibe in folgender Reihenfolge belegen: Schinken, Mozzarella, Salat, eine dicke Schicht Daikon-Rettich-Kimchi, darauf eine weiter Scheibe Brot geben. Die Oberseite und Unterseite des Sandwiches mit Butter bestreichen. Etwas Öl in einer Pfanne erhitzen und darin das Croque Monsieur auf beiden Seiten knusprig braten. Mit Ssamjang (siehe S. 30) servieren.

불고기피자

BULGOGI PIZZA

Pizza mit Rindfleisch und Kimchi

ZUTATEN

150 g Rib-Eye-Steaks
2 EL Sojasauce
½ TL zerdrückter Knoblauch
1 TL Zucker
1 TL Sesamöl
Salz und Pfeffer
1 Fladenbrot
Olivenöl zum Beträufeln
¼ Zucchini, in Scheiben geschnitten
¼ rote Spitzpaprika, in Streifen geschnitten
1 rote Zwiebel, in Streifen geschnitten
Daikon-Rettich-Kimchi (siehe S. 68), fein gehackt
etwas fermentierter Knoblauch (siehe S. 188) oder frischer Knoblauch, gehackt
Sardellen (nach Belieben)
Kapern (nach Belieben)
1 rote Chilischote, in Ringe geschnitten
1 Burrata, grob gehackt

ZUBEREITUNG

Die Rib-Eye-Steaks in hauchdünne Scheiben schneiden. Für die Marinade Sojasauce, Knoblauch, Zucker, Sesamöl, etwas Salz und Pfeffer in einer Schüssel vermischen. Das Fleisch darin marinieren.
Den Backofen auf 180 °C vorheizen.
Das Fladenbrot vorsichtig horizontal halbieren. Die Hälften jeweils mit der Schnittfläche nach oben auf die Arbeitsfläche legen und mit Olivenöl beträufeln.
Die Brote mit Zucchinischeiben, Paprika- und Zwiebelstreifen, Kimchi, Knoblauch, Sardellen, Kapern und Chiliringen belegen. Das Fleisch kurz pfannenrühren, bis es gar ist.
Fleisch und Burrata auf den Broten verteilen.
Die Pizzen im vorgeheizten Ofen backen, bis das Brot knusprig und der Käse geschmolzen ist.

깍두기 살사

KKAKDUKI SALSA

Tomatensalsa mit Daikon-Rettich-Kimchisaft

ZUTATEN

Tomaten der Saison (pro Person 1 Tomate)
1 rote Zwiebel oder Schalotte
Daikon-Rettich-Kimchi (siehe S. 68)
Olivenöl
Salz und Pfeffer
Kimchisaft
1 Chilischote, fein gehackt (nach Belieben)
fein gehackter Koriander (nach Belieben)

ZUBEREITUNG

Die Tomaten in mundgerechte Stücke hacken. Zwiebel und Daikon-Rettich-Kimchi fein hacken. Tomaten, Zwiebel und Kimchi in eine Schüssel geben und mit etwas Öl, Salz, Pfeffer und einigen Löffeln Kimchisaft vermengen. Nach Belieben mit fein gehackter Chilischote und Koriander garnieren und servieren.

TIPP

Kimchisaft ist ein gesunder, exotischer Ersatz für den klassischen Essig in Dressings.
Statt Tomaten eignen sich für dieses Rezept auch Salatgurken, Radieschen oder feine Weißkohlstreifen, die vorher kurz in Salz eingelegt wurden.

REGIONALE KIMCHI-VARIETÄTEN

1_ Pyeongan-do
Ein Kimchi mit mildem Geschmack und viel Kimchisaft.
Dongchimi, *Kkwongkimchi*, *Baekkimchi*.

2_ Hamgyeong-do
Ein Kimchi, das häufig eher Tintenfisch und Pazifischen Pollack enthält als Jeotgal.
Kkwongkimchi, *Gajamisikhae* (gesalzene, fermentierte Nahrung mit Plattfisch) und *Dongchimi*.

3_ Hwanghae-do
Ein Kimchi mit einfachem Geschmack, das in größeren Mengen, aber fast ohne Würzmittel zubereitet wird.
Hobakkimchi, *Gosukimchi* und *Bossamkimchi*.

4_ Gangwon-do
Ein Kimchi aus Zutaten aus den Bergen und aus dem Meer.
Deodeokkimchi, *Haemulkimchi* und *Ojingeokimchi*.

5_ Gyeonggi-do
Ein buntes Kimchi aus unterschiedlichen Zutaten.
Chonggakkimchi, *Bineulkimchi* und *Susangnabakkimchi*.

6_ Seoul
Ein Kimchi, das während der Joseon-Dynastie aus königlichen Rezepten entwickelt wurde.
Oisobagi, *Jangkimchi* und *Seokbakji*.

7_ Chungcheong-do
Ein Kimchi mit eher mildem statt pikantem Geschmack.
Nabakkimchi, *Chonggakmudongchimi* und *Gajikimchi*.

8_ Gyeongsang-do
Ein Kimchi, das pikant, scharf und salzig schmeckt.
Kkaennipkimchi, *Jjokpakimchi* und *Buchukimchi*.

9_ Jeolla-do
Ein Kimchi mit viel Jeotgal und rotem Chilipulver.
Gatkimchi, *Godeulppaegikimchi* und *Najudongchimi*.

10_ Jeju Island
Ein Kimchi, das dank einer bescheidenen Menge an Würzmitteln fast nur nach Meeresfrüchten schmeckt.
Haemulkimchi, *Jeonbokkimchi* und *Nabakkimchi*.

WIKIM, Looking for Healthy Kimchi (Seoul: DONGA SCIENCE Co., Ltd.), S. 85.

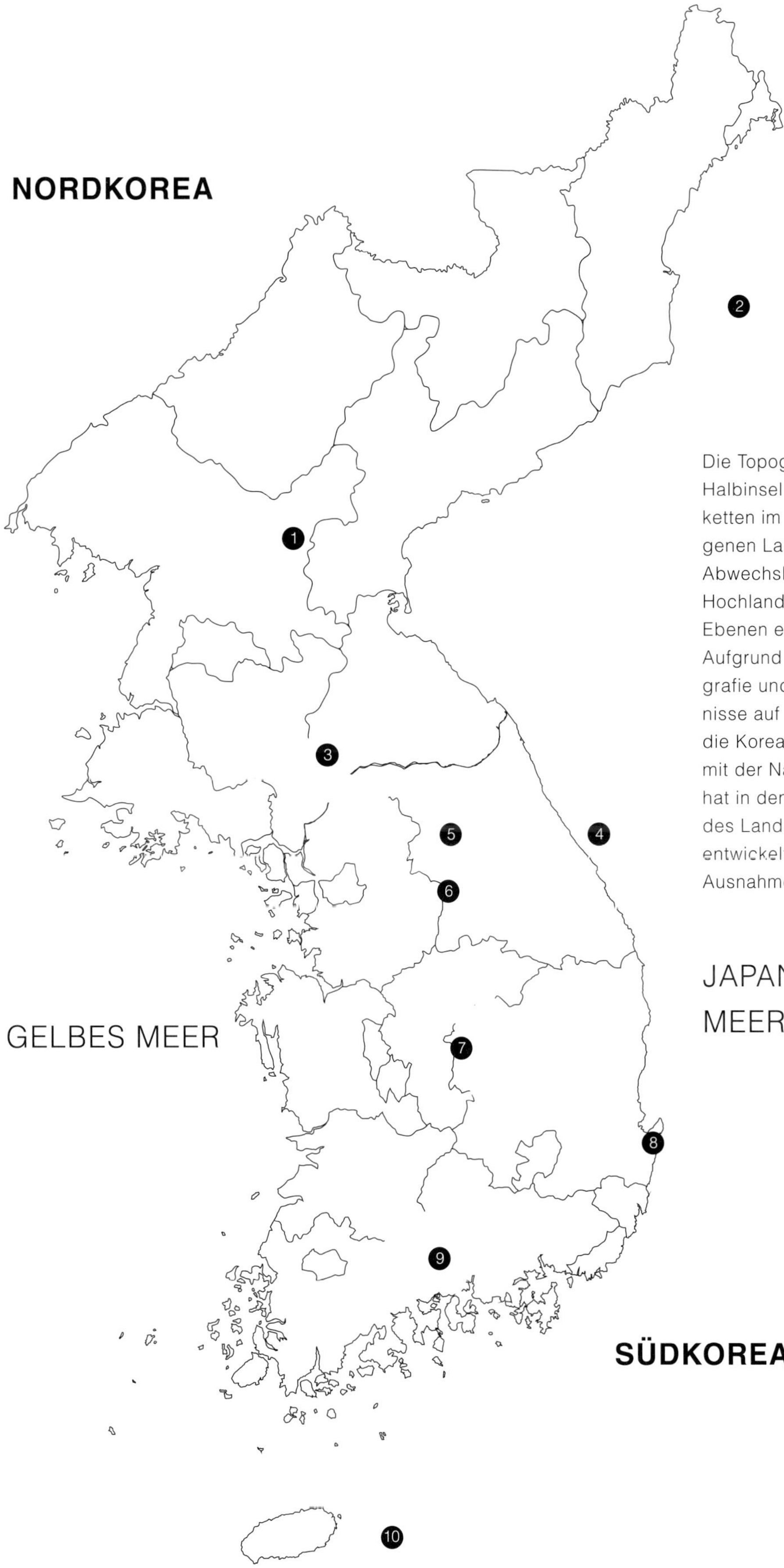

Die Topografie der Koreanischen Halbinsel wird geprägt von Gebirgsketten im Norden und tiefer gelegenen Landstrichen im Süden, in Abwechslung mit Bergregionen, Hochland und ausgedehnten Ebenen entlang der großen Flüsse. Aufgrund der besonderen Topografie und der klimatischen Verhältnisse auf der Halbinsel entwickelten die Koreaner eine Kultur im Einklang mit der Natur. Auch ihre Esskultur hat in den verschiedenen Regionen des Landes einzigartige Merkmale entwickelt. Kimchi ist hierbei keine Ausnahme.

바지락죽

BAJIRAKJUK

Reisbrei mit Muscheln

ZUTATEN

110 g Reis
1 Stück Karotte (5 cm)
2 frische Shiitakes
1 Stück Frühlingszwiebel (5 cm)
15 Muscheln
½ TL Salz
Sesamöl zum Beträufeln
geröstete Sesamsamen
oder frisch gehackter Schnittlauch
zum Garnieren

ZUBEREITUNG

Den Reis in einem Topf mit Wasser waschen, bis das Wasser klar bleibt. So viel Wasser wie möglich abgießen und den Reis ruhen lassen.
Inzwischen Karotte, Shiitakes und Frühlingszwiebel waschen und putzen. Karotte und Shiitakes in 5 x 5 mm große Würfel schneiden. In jeweils eine Schüssel geben und beiseitestellen. Die Frühlingszwiebel in feine Ringe schneiden.
1,25 l Wasser in einem Topf bei starker Hitze zum Kochen bringen. Muscheln waschen und in den Topf geben. Die Hitze reduzieren, sobald die Muscheln sich öffnen. Die Muscheln aus dem Topf nehmen (die Brühe im Topf lassen) und in einem Behälter mit Deckel aufbewahren, damit sie nicht austrocknen.
Den Reis in den Topf mit der Muschelbrühe geben. Regelmäßig umrühren, damit er nicht anhaftet. Den Reis etwa 10 Minuten bei mittlerer Hitze köcheln lassen.
Die Karotte dazugeben, einige Minuten garen und dann Shiitakes und Frühlingszwiebel hinzufügen.
Die Hitze noch etwas mehr reduzieren und alles etwa 5 Minuten köcheln lassen.
Den Reisbrei mit Salz abschmecken. In einer Suppenschüssel anrichten, mit etwas Sesamöl beträufeln und Muscheln darauf verteilen. Mit Sesam oder Schnittlauch garniert servieren.

바지락칼국수

BAJIRAK KALGUKSU

Suppe mit handgeschnittenen Nudeln und Muscheln

In Korea gibt es in beinahe jedem Viertel ein Lokal, an dessen Fassade das Wort '칼국수' geschrieben steht. Kalguksu *ist eine Schüssel dampfender Nudelsuppe, das ultimative Gericht an kalt-nassen Tagen. Das Verblüffende: Auch an warmen Tagen ist diese Suppe beliebt, da sie dann erfrischend ist. Die Koreaner haben dafür eine ganz einfache Erklärung. Sie lautet: '이열치열', oder wörtlich: „Wärme mit Wärme mildern". Sie glauben, dass warmes Essen an warmen Tagen das Gleichgewicht und die Temperatur des Körpers wiederherstellen kann. Der Name dieses Gerichts, wörtlich „Mit Messer geschnittene Nudeln", verweist auf die Zubereitungsweise.*

ZUTATEN

½ Lauch
500 ml Yuksu (siehe S. 28)
1 EL Fischsauce
300 g Muscheln oder Miesmuscheln
Salz und Pfeffer

NUDELN

½ Kartoffel, geschält
250 g Weizenmehl (Type 405), plus mehr zum Bestäuben
eine Prise Salz

ZUBEREITUNG

Für die Nudeln die Kartoffel in Würfel schneiden und dann in der Küchenmaschine pürieren. Mit 250 g Mehl, 125 ml Wasser und etwas Salz zu einem glatten, nicht zu klebrigen Teig vermischen. Nach Bedarf noch Mehl hinzugeben. Den Teig in einen Plastikbeutel geben und ½ Stunde ruhen lassen. Inzwischen den Lauch in feine Ringe schneiden.
Die Arbeitsfläche mit Mehl bestäuben. Den Teig so lange kneten, bis er elastisch ist. Den Teig in 4 gleich große Portionen aufteilen. Nun können Sie auch mit einer Nudelmaschine weiterarbeiten.
Alternativ den Teig mit den Händen zu einer 2 mm dicken Platte ausrollen. Dabei großzügig mit Mehl bestäuben. Dann die Platte zusammenklappen. Dazu ein Ende nehmen und 7 cm umklappen. Bis zum Plattenende so weiter verfahren. Zwischen jede Falte ausreichend Mehl streuen, damit die Teigschichten nicht aneinander festkleben. Den gefalteten Teig in 3 mm dicke Streifen schneiden. Mit den Händen die aufgerollten Nudeln wieder etwas lockern.
500 ml Wasser mit Yuksu und Fischsauce in einem Topf erhitzen. Die Muscheln waschen und dann im Topf kochen, bis sie sich öffnen. Die Muscheln herausnehmen (die Brühe im Topf lassen) und beiseitestellen. Die Muschelbrühe wieder zum Kochen bringen und darin die Nudeln bissfest garen. Die Nudelsuppe mit Muscheln und mit Lauchringen garniert servieren. Salz und Pfeffer zum individuellen Würzen bereitstellen. Der milde Geschmack des Gerichts sollte möglichst beibehalten werden. Wer es etwas schärfer mag, kann noch Yangnyeomjang (siehe S. 31) dazu servieren.

닭칼국수

DAK KALGUKSU

Suppe mit handgeschnittenen Nudeln und Huhn

ZUTATEN

handgeschnittene Nudeln (siehe S. 130)
½ Karotte
½ Zucchini
Pflanzenöl zum Braten

BRÜHE

2 Hähnchenschenkel
½ Zwiebel, grob gehackt
2 Knoblauchzehen, grob gehackt
¼ Stangensellerie, grob gehackt
4 Pfefferkörner
1 Daechu
½ EL Fischsauce (nach Belieben)
½ EL Salz

ZUBEREITUNG

Die Hähnchenschenkel 10 Minuten in einen Topf mit kaltem Wasser legen. Abwaschen und dann in kochendem Wasser garen, bis sich das Fleisch weiß verfärbt. Das Wasser abschütten. Den Topf mit so viel frischem Wasser füllen, bis das Fleisch damit bedeckt ist. Die restlichen Zutaten für die Brühe dazugeben und das Fleisch bei mittlerer Hitze kochen. Dabei regelmäßig den Schaum und das Fett abschöpfen. Die fertig gegarten Hähnchenschenkel zum Abkühlen in eine Schüssel legen. Die Brühe in eine weitere Schüssel abseihen oder die Würzmittel herausnehmen. Karotte und Zucchini in feine Streifen schneiden. Etwas Öl in eine Pfanne geben und darin die Karotten- und Zucchinistreifen pfannenrühren. Das Fleisch vom Knochen lösen und in feine Streifen schneiden. Die Brühe wieder zum Kochen bringen und darin die Nudeln bissfest garen. Die Nudeln abseihen und in einer großen Suppenschüssel mit Gemüse und Fleisch garniert servieren. Wer es gerne etwas schärfer mag, kann noch Dadaeki (siehe S. 30) dazugeben.

수제비

SUJEBI

Suppe mit zerpflückten Nudeln

Die Nudeln für Sujebi *werden aus demselben Teig hergestellt wie* Kalguksu. *Der Unterschied ist, dass der Teig für* Sujebi *zu Flocken zerpflückt wird. Welche Form diese haben, entscheidet man dabei selbst.*

ZUTATEN

½ Zucchini
½ Lauch
1 l Yachaeyuksu (siehe S. 28)
Teig für handgeschnittene Nudeln (siehe S. 130)
eine Handvoll Blattgemüse (z. B. junger Spinat)
Salz und Pfeffer

ZUBEREITUNG

Die Zucchini längs halbieren und in dünne Scheiben schneiden. Den Lauch in feine Ringe schneiden. Yachaeyuksu in einem Topf erhitzen.
Den Nudelteig zu einer 2 mm dicken Platte ausrollen und diese zu mehreren Schichten zusammenfalten (siehe S. 130). Mit Daumen und Zeigefinger vom Teig Stückchen in Daumengröße abzupfen. Die Nudelflocken in die kochende Brühe geben und darin bissfest garen. Zucchini, Lauch und Blattgemüse dazugeben. Alles noch etwas kochen lassen, bis das Gemüse gar ist.
Mit Salz und Pfeffer abschmecken und servieren.

잡채

JAPCHAE

Gebackene Glasnudeln

Koreanische Glasnudeln werden aus Süßkartoffelmehl hergestellt und sind gekocht fast durchsichtig. Für die Zubereitung von Japchae *sind sie unverzichtbar.*

ZUTATEN

150 g Dangmyeon-Glasnudeln
3 getrocknete Shiitakes
1 EL Sesamöl
½ Zwiebel
2 Schwarzwurzeln
1 Karotte
½ rote Spitzpaprika
Pflanzenöl zum Braten
1 EL Sojasauce
100 g junger Spinat
Salz und Pfeffer (nach Belieben)
2 EL geröstete Sesamsamen

MARINADE

3 EL Sojasauce
2 EL Reissirup oder Rohrzucker
2 EL Sesamöl
2 TL pürierter Knoblauch

ZUBEREITUNG

Die Nudeln 30 Minuten in einer Schüssel mit Wasser einweichen. Die Shiitakes in einer zweiten Schüssel mit Wasser einweichen. Nudeln abseihen und in einem Topf mit Wasser garen, bis sie durchsichtig sind. Abseihen und so lange mit kaltem Wasser waschen, bis sie abgekühlt sind. Gut abtropfen lassen. Die Nudeln mit etwas Sesamöl vermischen, damit sie nicht kleben.
Zwiebel, Schwarzwurzeln, Karotte und Paprika in 6 cm lange und 3 mm dicke Streifen schneiden. Die Shiitakes auspressen und in dünne Scheiben schneiden.
Das Gemüse einzeln in etwas Öl in einer Pfanne pfannenrühren, bis es gar ist. Mit der Zwiebel beginnen und dann nacheinander Schwarzwurzeln, Karotte, Shiitakes und Paprika braten. Mit Sojasauce abschmecken. Den Spinat nach dem Rezept von S. 181 zubereiten.
Alle Zutaten für die Marinade vermischen. Etwas Öl in der Pfanne erhitzen und darin die Nudeln mit der Marinade vermischen und die Nudeln kurz anbraten. Nach Belieben mit Salz und Pfeffer abschmecken.
Das Gemüse mit den Nudeln vermischen und mit Sesam garniert servieren.

파전

PAJEON

Frühlingszwiebelpfannkuchen

ZUTATEN

125 g Weizenmehl (Type 405)
1 EL Kartoffelstärke
1 kleines Bund Frühlingszwiebeln (grüne und weiße Teile)
Pflanzenöl zum Braten

ZUBEREITUNG

Weizenmehl, Kartoffelstärke und 200 ml Wasser in einer großen, flachen Schüssel zu einem glatten Teig verarbeiten. Die Frühlingszwiebeln waschen und putzen. Für einen flacheren Pfannkuchen die Frühlingszwiebeln nach Bedarf halbieren. Etwas Öl in einer Pfanne erhitzen. Die Frühlingszwiebeln in den Teig eintunken und nebeneinander in die Pfanne legen. Die Frühlingszwiebeln goldgelb backen. Nach Bedarf noch etwas Teig zwischen die Frühlingszwiebeln gießen, damit der Pfannkuchen nicht reißt. Mit Choganjang (siehe S. 31) als Dip servieren.

장떡

JANGTTEOK

Gemüsepfannkuchen mit fermentierter Sojabohnenpasta

Während des Fotoshootings für dieses Buch blieben viele Gemüsereste übrig. So entstanden diese Pfannkuchen mit Karottengrün, jungen Kohlrabiblättern, Rote-Bete-Blättern und Schnittlauch. Für Jangtteok *eignet sich fast jedes Blattgrün und fein gehackte Gemüse. V. a. die „Jangs" mit ihren tiefen, erdigen Aromen prägen dieses Gericht geschmacklich.*

ZUTATEN

250 g Blattgemüse (z. B. Karottengrün, Kohlrabiblätter, Schnittlauch)
1 grüne Chilischote
1 rote Chilischote
1½ EL Doenjang
½–1 EL Gochujang
250 ml Wasser oder Yuksu (siehe S. 28)
250 g Weizenmehl (Type 405)
Pflanzenöl zum Braten

ZUBEREITUNG

Das Blattgemüse waschen und putzen, dann in ein Baumwolltuch geben und das überschüssige Wasser vorsichtig herauspressen. Die Chilischoten waschen und fein hacken. Das Blattgemüse in 2–4 cm große Stücke schneiden. Chilis, Doenjang, Gochujang mit Wasser oder Yuksu vermischen. Dann Blattgemüse und Mehl dazugeben und alles zu einem Teig verrühren. Etwas Öl in eine Pfanne geben und erhitzen. Den Teig schöpflöffelweise hineingeben und zu knusprigen Pfannkuchen backen.

굴전

KULJEON

Panierte Austern

Der Anblick von Austern, die auf koreanischen Märkten in Plastikbeuteln mit Wasser vorverpackt angeboten werden, ist immer wieder ein Kulturschock. Korea zählt zu den größten Austernproduzenten weltweit, was sich auch in einer großen Zahl an Austerngerichten niederschlägt. Sie sind für viele Koreaner eine tägliche Kost.

ZUTATEN

¼ Karotte
¼ Zucchini (nur die Schale)
1 Zwiebelscheibe
¼ rote Chilischote (nach Belieben)
Pfeffer
2 Eier
15 frische Austern
60 g Weizenmehl (Type 405)
Pflanzenöl zum Braten

ZUBEREITUNG

Karotte, Zucchinischale und Zwiebel mit der Küchenmaschine grob pürieren. Die Chilischote (nach Belieben) fein hacken und zur Gemüsepaste geben. Nach Bedarf mit etwas Pfeffer würzen. Die Eier verquirlen und in einen Teller geben. Die Austern rundherum mit Mehl bestäuben und anschließend in den Eiern wenden. Etwas Öl in einer Pfanne bei schwacher Hitze erhitzen und die Austern rundherum braten, bis sie fast gar sind. Mit dem Gemüsedip servieren.

TIPP

Das Gemüse in diesem Rezept lässt sich jederzeit durch anderes Gemüse ersetzen, das man gerade vorrätig hat.

모자반무침

MOJABAN MUCHIM

Seetangsalat

ZUTATEN

100 g japanischer Beerentang
100 g Daikon-Rettich
20 g Zwiebel
½ EL pürierter Knoblauch
1 TL Zucker
1½ EL neutraler Essig
1 TL Salz

ZUBEREITUNG

Den Beerentang kurz in einem Topf mit kochendem Wasser blanchieren, bis er sich grün verfärbt. Dann waschen, bis das Wasser klar ist. Den Tang in ein sauberes Baumwolltuch geben und die überschüssige Flüssigkeit sanft auspressen. Daikon-Rettich und Zwiebel in feine Streifen schneiden. Beerentang, Daikon-Rettich, Zwiebel, Knoblauch, Zucker, Essig in einer Schüssel vermischen. MIt Salz abschmecken.

TIPP

Beerentang lässt sich durch andere Arten von Seetang ersetzen. Getrockneter Seetang ist v. a. in Bioläden und in Asia-Supermärkten erhältlich. Wichtig ist, den Tang vor Verwendung für einige Zeit in Wasser einzuweichen.

간장야채장아찌 GANJANG YACHAE JANGAJJI

Gepökeltes Gemüse in Sojasauce

Es gibt unterschiedliche Möglichkeiten, Gemüse zu pökeln. Manchmal wird das Pökelwasser dafür vorab gekocht. Bei einer anderen Variante wird eine Mischung aus Zucker, Essig und Salz mit Gemüse vermischt. Die Grundlage ist aber immer gleich: eine Salzmischung, die entweder sauer oder süß sein kann und in einem unterschiedlichen Verhältnis verwendet wird.

ZUTATEN

1 dünne Salatgurke (siehe Tipp S. 38)
10 Knoblauchzehen
1 grüne Chilischote
1 rote Spitzpaprika
1 Zwiebel

PÖKELWASSER

375 ml Sojasauce
250 ml Apfelessig oder neutraler Essig
80 g Rohrzucker

ZUBEREITUNG

Gurke, Knoblauchzehen, Chilischote, Spitzpaprika und Zwiebel waschen und putzen. Das Gemüse in ein großes Glas mit Deckel geben. Die Zutaten für das Pökelwasser und 500 ml Wasser in einen Topf geben, verrühren und zum Kochen bringen. Das Gemüse mit dem Pökelwasser übergießen. Abkühlen lassen und das verschlossene Glas an einem kühlen, dunklen Ort aufbewahren. Am nächsten Tag wiederholen: Das Pökelwasser in einen Topf gießen und erneut zum Kochen bringen. Das Gemüse wieder damit übergießen, abkühlen lassen und in den Kühlschrank stellen. Die Gurke klein schneiden und würzen (siehe Rezept unten). Das übrige Gemüse klein schneiden, mit dem Pökelwasser zu einem Dip vermischen und beispielsweise zu koreanischen Pfannkuchen servieren.

오이 장아찌 무침 OI JANGAJJI MUCHIM

Salat mit gepökelter Salatgurke

ZUTATEN

1 gepökelte Salatgurke (siehe Rezept oben)
½ TL pürierter Knoblauch
½ TL Perilla- oder Sesamöl

ZUBEREITUNG

Die Salatgurke in dünne Scheiben schneiden (siehe S. 64) und in eine Schüssel geben. Den Salat mit Knoblauch und Perilla- oder Sesamöl abschmecken.

단무지

DANMUJI

Gepökelter Daikon-Rettich

Danmuji *ist eine Grundzutat von* Gimbap *(siehe S. 112). Für dieses Gericht wird der Daikon-Rettich in der Länge des Seetangpapiers geschnitten. Wird der gepökelte Daikon-Rettich jedoch als Beilage serviert, kann die Schneideform von mundgerechten Stücken bis hin zu Würfeln variieren.*

ZUTATEN

2 Daikon-Rettiche
1½ EL Salz
80 g Zucker
80 ml weißer Reisessig
1 Scheibe Rote Bete (nach Belieben)

ZUBEREITUNG

Die Daikon-Rettiche schälen und putzen. Dann je nach Verwendung schneiden (siehe oben). Die Rettiche mit Salz und Zucker in einer Schüssel vermischen und 15–30 Minuten ziehen lassen (die Ziehzeit hängt von der Dicke der Rettichstücke ab). Dann Reisessig und 250 ml Wasser dazugeben. Die Rote Bete nach Belieben hinzugeben (sie gibt eine schöne Farbe). Die Mischung in einen luftdicht verschließbaren Behälter geben und im Kühlschrank aufbewahren. Dieses Gericht ist bereits nach 24 Stunden servierbereit, aber den optimalen Geschmack erreicht es nach etwa einer Woche.
Um ein Danmuji mit gelber Farbe zu erhalten, einfach etwas gelbes Senfpulver dazugeben – es verleiht ihm zudem eine besondere Note.

Zunehmender Mond

Von einer ganz gewöhnlichen Straße in der flämischen Ortschaft Astene führt eine schmale Gasse zwischen zwei Häusern zum Bauernhof *De Wassende Maan*. Das sehenswerte Anwesen liegt versteckt zwischen grünen Wiesen und Feldern. Fünf Landwirte haben sich hier zusammengeschlossen, um eine Vielfalt an frischem Bio-Gemüse anzubauen. Sie setzen mit Herz und Seele auf biodynamische Landwirtschaft, mit großem Respekt vor der Natur, der biologischen Vielfalt und der Kraft eines lebendigen Bodens.
Der Hof besteht seit dem Jahr 1979 und leistet seit 40 Jahren Pionierarbeit im ökologischen Landbau: von der Gründung, einer Genossenschaft als Betriebsstruktur, über den Erwerb des Demeter-Gütesiegels für biodynamischen Landbau, die „Erfindung" der Biokiste bis hin zur Öffnung eines praktischen Onlineshops mit feldfrischen Delikatessen. Wenn diese Landwirte „frisch vom Feld" sagen, dann meinen sie das auch so: heute geerntet, morgen auf deinem Teller.

Dank des Verkaufs im eigenen Hofladen und der Biokiste, die über die 50 Abholstellen in der Region zu den Kunden kommt, erzielen die Landwirte vom *De Wassende Maan* nicht nur faire Preise, sondern auch einen stabilen Absatz. Sie bieten so eine kurze und transparente Lieferkette, über die der Genuss Woche für Woche mehr als 1500 Familien erreicht.
An einem gewöhnlichen Wochentag herrscht große Betriebsamkeit am Hof. Bauern kommen und gehen mit ihren Kisten, im Laden herrscht reges Treiben. Wenn die Biokisten zusammengestellt werden, läuft im Hintergrund immer Musik. Interessierte Wanderer ruhen sich hier gerne aus und genießen das besondere Ambiente des Hofs. Hier spürt man die Biodynamik bis in die Zehenspitzen!

콩잎장아찌

KONGIEP JANGAJJI

Gepökeltes Bohnenblatt

ZUTATEN

Bohnenblätter (nach Bedarf)
Sojasauce

ZUBEREITUNG

Bohnenblätter waschen, putzen und mit einem sauberen Küchentuch trocken tupfen. Dann die Blätter in ein luftdicht verschließbares Glas schichten und mit einer Mischung aus Sojasauce und Wasser im Verhältnis 3:1 übergießen. Wichtig ist, dass die Blätter vollständig mit der Flüssigkeit bedeckt sind. Das Glas verschließen. Je nach Menge der Blätter dauert das Pökeln nur einige Stunden oder entsprechend länger.

TIPP

Die gepökelten Bohnenblätter eignen sich als Beilage oder können mit Reis als Appetithäppchen serviert werden.

비빔밥

BIBIMBAP

Gemischter Reis mit Gemüse

Bibimbap *bedeutet wörtlich „gemischter Reis". Wichtig ist, alles gut zu mischen, damit die Aromen miteinander verschmelzen können. Dieses Gericht kennt zahllose Varianten, die sich je nach Region, Jahreszeit und Küchenchef unterscheiden. Lassen Sie einfach der eigenen Fantasie freien Lauf und kombinieren Sie, was gerade vorrätig ist.*

ZUTATEN

1 Karotte (mit Grün)
100 g junger Spinat
100 g rote Melde
1 weißer Spargel
2 grüne Spargel
Pflanzenöl zum Braten
Bap (gekochter Klebreis, siehe S. 29)
1 Ei (so frisch wie möglich)

ZUBEREITUNG

Karottengrün, Spinat und Melde nacheinander waschen und putzen. Alles abtropfen lassen. Das Grün in 5 cm große Stücke schneiden.
Karotte und Spargel schälen. Die Karotte in dünne Scheiben und den Spargel in mundgerechte Stücke schneiden.
Etwas Öl in einer Pfanne erhitzen und alles nacheinander pfannenrühren, bis es bissfest ist. Zuerst den weißen Spargel braten, dann Karotte und das Grün hinzufügen.
Klebreis in eine kleine Schüssel geben und darauf das Gemüse arrangieren. Das frische Ei in kochendem Wasser pochieren. Ersatzweise in einer erhitzten Pfanne mit etwas Öl ein Spiegelei braten.
Das Ei auf den gemischten Reis geben und mit einer Sauce nach Wahl (siehe S. 30) servieren.

모듬주먹밥

MODEUM JUMEOKBAP

Reisbällchen

ZUTATEN

30 g Danmuji (siehe S. 148), plus mehr zum Servieren
1 Gim-Blatt
500 g Bap (gekochter Klebreis, siehe S. 29)
½ TL Sesamöl
½ EL geröstete Sesamsamen
½ TL Sojasauce
½ TL Perillaöl

ZUBEREITUNG

Danmuji fein in 2 mm große Würfel hacken. Das Gim-Blatt im Backofen grillen, bis es sich grün verfärbt. Das geröstete Blatt zerbröckeln und beiseitestellen. Den gekochten Reis auf 2 Schüsseln verteilen.
Den Reis in der einen Schüssel mit Danmuji, Sesamöl und ½ EL Sesam vermischen, den Reis in der zweiten Schüssel mit Sojasauce, Perillaöl und dem Gim-Blatt vermengen.
Die Hände mit etwas Öl (nach Wahl) einreiben und durch vorsichtiges Zusammenpressen mundgerechte Reisbällchen formen. Mit zusätzlichem Danmuji und gepökelten Bohnenblättern (siehe S. 154) servieren.
Wer will, lässt einfach seiner Fantasie freien Lauf und probiert für die Reisbällchen verschiedene Kombinationen aus.

쌈밥

SSAMBAP

Gepökelte Reisröllchen

ZUTATEN

Bap (gekochter Klebreis, siehe S. 29)
Kimchi-Salat (siehe S. 46)

ZUBEREITUNG

Die Kimchi-Salatblätter auf einem Schneidebrett ausbreiten und darauf portionsweise den Reis geben. Dann zu mundgerechten Reispäckchen fest aufrollen. Nach Belieben mit einer Sauce nach Wahl (siehe S. 30) servieren.

TIPP

Für Reisröllchenvarianten z. B. eine Mischung aus gepökelten Blättern oder frischen Blättern (Spinat und Salat) und zarten Kohlblättern (Wirsing und Weißkohl) verwenden. Letztere sollten allerdings vorher blanchiert werden. Diese Röllchen sind ideal als Appetithäppchen oder auch gesundes Mittagessen.

메밀배추전

MEMIL BAECHUJEON

Buchweizenpfannkuchen mit Chinakohl

Die Zubereitung für diesen herzhaften, köstlichen Snack, der sich für fast jede Tageszeit eignet, ist denkbar einfach. In Gangwon-do, einer Provinz im Nordosten Südkoreas, ist Memil Baechujeon *deshalb ein beliebtes Street-Food-Gericht.*

ZUTATEN

250 g Buchweizenmehl
1 EL Kartoffelstärke
1 Chinakohl
Pflanzenöl zum Braten

ZUBEREITUNG

Aus Mehl, Kartoffelstärke und einem Teil von insgesamt 375 ml Wasser einen Vorteig herstellen. Dann das restliche Wasser dazugeben und alles gut verrühren. Die Kohlblätter vorsichtig vom Kohlkopf lösen. Die dicken Stiele entfernen. Bei Bedarf dickere Blätter einige Minuten in einer Schüssel mit Salz bestreuen und ziehen lassen, damit sie geschmeidiger werden und beim Backen flach liegen bleiben. Anschließend die gepökelten Blätter gut waschen und trocken tupfen.
Die Kohlblätter im Teig wenden. Eine größere Menge Öl in einer beschichteten Pfanne erhitzen und darin die Blätter backen. Nach Wunsch noch mehr Teig in die Pfanne geben, um einen runden Pfannkuchen zu erhalten. Die gebackenen Blätter mit einem Dip nach Wahl (siehe S. 30) servieren.

TIPP

Je nach Mahlgrad und Qualität des Buchweizenmehls ist es nicht immer einfach, damit einen glatten Teig herzustellen. Ich empfehle in diesem Fall, eine Mischung aus Buchweizen- und Weizenmehl (Type 405) im Verhältnis 4:1 zu verwenden.

감자전

GAMJAJEON

Kartoffelpfannküchlein

ZUTATEN

2 große Kartoffeln (500 g)
60 g Weizenmehl (Type 405)
Pflanzenöl zum Braten

ZUBEREITUNG

Die Kartoffeln schälen und in hauchdünne Streifen schneiden. Mit dem Mehl bestreuen und alles vorsichtig zu einem Teig vermischen. Nach einigen Minuten fängt der Teig an, klebrig zu werden. Etwas Öl in einer Pfanne erhitzen und aus dem Teig nacheinander knusprige Pfannküchlein backen. Mit Soja-Dip mit Chili (siehe S. 30) servieren.

육전

YUKJEON

Panierte Rindersteaks

Bei meiner Suche nach Köchinnen, die ihre Küchengeheimnisse mit mir teilen möchten, landete ich über Umwegen bei einer Tante einer Bekannten in Korea. In ihrer winzigen Küche haben wir zusammen sehr viel Yukjeon *zubereitet – es waren die besten, die ich jemals gegessen habe.*

ZUTATEN

200 g Rindersteaks (z. B. Rib-Eye)
125 g Weizenmehl (Type 405)
½ EL Kartoffelstärke
4 Eier
Pflanzenöl zum Braten
½ kleines Bund Schnittlauch

ZUBEREITUNG

Rindersteaks vom Metzger sehr dünn (2 mm dick) schneiden lassen. Das Mehl mit der Kartoffelstärke in einer Schüssel vermischen. Die Eier in einem Teller verquirlen. Die Steaks beidseitig im Mehl und dann in den verquirlten Eiern wenden. Etwas Öl in einer Pfanne erhitzen und die Steaks darin goldbraun braten. Das Fleisch herausnehmen und in mundgerechte Streifen schneiden. Einge Stängel Schnittlauch darauflegen und die Steaks aufrollen. Mit Soja-Dip mit Chili (siehe S. 30) servieren.

Abuleisuna

Die Koreanerin Ha Mi Hyun widmet sich auf inspirierende Weise der Wiederentdeckung, Dokumentation und dem Vorstellen von Gerichten, die lokale Bauern nur mündlich an die nächste Generation weitergeben. Ha Mi Hyun nennt dieses Vorgehen „spoken recipe" („gesprochenes Rezept").
아부 레이 수나 oder *Abuleisuna* bedeutet „ein entschleunigtes Leben führen; sich langsam sputen". Dieser Satz stammt aus einem Lied, das Bauern aus der Provinz Kyeongsang singen, wenn sie auf den Reisfeldern die Jungpflanzen setzen. Heute ist es auch der Name von Ha Mi Hyuns Projekt.
Eines dieser gesprochenen Rezepte finden Sie auf der nächsten Seite: *Ongsimi* ist ein bekanntes Gericht aus der Provinz Gangwon-do, die für ihren Kartoffelanbau berühmt ist. Da die Provinz wirtschaftlich einst nur wenig zu bieten hatte, setzte die lokale Bevölkerung auf Kartoffeln als alternatives Erzeugnis zu Reis.

감자옹심이

GAMJA ONGSIMI

Kartoffelknödelsuppe

ZUTATEN

½ Zucchini
¼ grüne Chilischote
¼ rote Chilischote
4 Kartoffeln (625 g)
Salz und Pfeffer
1 l Yuksu (siehe S. 28)
½ EL pürierter Knoblauch
1 Gim-Blatt

ZUBEREITUNG

Die Zucchini in 5 cm lange und 3 mm dicke Streifen schneiden. Die Chilischoten in 3 mm dicke Ringe schneiden.
Die Kartoffeln schälen. Eine große Schüssel mit einem Passiertuch auslegen und die Kartoffeln hineinraspeln.
Das Tuch mit den geraspelten Kartoffeln an den Enden zusammennehmen und die Flüssigkeit sanft auspressen. Dabei die Flüssigkeit auffangen und mindestens 5 Minuten ruhen lassen. Dann die Flüssigkeit vorsichtig abschütten, die abgesetzte Stärke in der Schüssel belassen.
Die ausgepressten Kartoffeln und etwas Salz zur Stärke in die Schüssel geben und alles gut miteinander vermischen. Aus dem Teig Bällchen formen.
Yuksu in einem Topf zum Kochen bringen, Knoblauch und etwas Salz und Pfeffer dazugeben. Dann die Kartoffelbällchen, Zucchini und Chilis hineingeben.
Das Gim-Blatt im Backofen grillen, bis es sich grün verfärbt. Das Blatt in einer Schüssel zerbröckeln. Die Kartoffelsuppe auf große Suppentassen verteilen und mit den Gim-Flocken garnieren. Salz und Pfeffer zum individuellen Würzen dazu servieren.

TIPP

Wer keine Reibe besitzt, kann die Kartoffeln auch einfach klein schneiden oder mit einer Küchenmaschine grob zerkleinern. Wichtig ist, dass noch etwas von der Textur erhalten bleibt.

Koh Eunjeong

Während meiner Suche nach einem tieferen Verständnis von der ursprünglichen koreanischen Küche stieß ich auf Koh Eunjeong. In der kulinarischen Welt Koreas ist Koh Eunjeong ein berühmter Name: Sie ist bekannt für ihre eigenwillige Einstellung zum Essen und ihre radikale Abkehr von kommerziellen Einflüssen. Wie viele koreanische Kollegen lernte ich von ihr die Grundlage für zahlreiche Rezepte und wie wichtig es ist, eine eigene Vision zu haben.

된장찌개

DOENJANG JJIGAE

Fermentierte Sojabohnensuppe

ZUTATEN

1 Kartoffel
1 Zucchini
½ Zwiebel
¼ Lauch
¼ rote Chilischote
100 g Tofu
1,25 l Yuksu (siehe S. 28)
4–5 EL Doenjang
¼ grüne Chilischote, grob gehackt (nach Belieben)
1 EL Gochugaru
5 Perillablätter

ZUBEREITUNG

Die Kartoffel schälen und in 3 x 4 cm große Würfel schneiden. Die Zucchini in gleich große Stücke schneiden und leicht zerdrücken. Die Zwiebel grob in Stücke schneiden. Lauch und rote Chilischote in feine Ringe schneiden.
Den Tofu in ein Baumwolltuch legen und sanft auspressen. Anschließend mit Küchenpapier trocken tupfen.
Yuksu und Doenjang in einen Topf geben und zum Kochen bringen. Kartoffelwürfel, grüne Chilischote (nach Belieben) und Gochugaru dazugeben und noch 5 Minuten kochen lassen, Dann Zucchini- und Zwiebelstücke hinzufügen. Den Tofu grob zerbröckeln und dazugeben.
Kochen, bis die Kartoffelstücke gar sind, dann Perilla und Lauch hinzufügen. Mit roten Chiliringen garniert servieren.

바지락 된장찌개

BAJIRAK DOENJANG JJIGAE

Fermentierte Sojabohnensuppe mit Muscheln

ZUTATEN

100 g Kartoffel
¼ Zwiebel
100 g Zucchini
750 ml Yuksu (siehe S. 28)
1 EL Doenjang
1 TL pürierter Knoblauch
¼ grüne Chilischote
15 Muscheln (z. B. Miesmuscheln, Teppichmuscheln)

ZUBEREITUNG

Die Kartoffeln schälen und in mundgerechte Stücke schneiden. Zwiebel und Zucchini ebenfalls in mundgerechte Stücke schneiden.
Den Yuksu in einem Topf zum Kochen bringen. Doenjang, Knoblauch und Kartoffeln dazugeben. Chilischote in Ringe schneiden. Kurz bevor die Kartoffeln gar sind, Zucchini, Zwiebel und die Hälfte der Chili dazugeben. Alles kochen, bis die Zucchini bissfest sind. Inzwischen die Muscheln waschen und dazugeben. Den Topf vom Herd nehmen, sobald die Muscheln sich geöffnet haben. Mit den restlichen Chiliringen garnieren. Mit Reis und Kimchi servieren.

고추장 제육볶음

GOCHUJANG JEYUK BOKKEUM

Gebratene Schweinekoteletts mit fermentierter Chilipaste

ZUTATEN

200 g Schweinenacken
1 Karotte
1 Lauch
Pflanzenöl zum Braten
1 EL geröstete Sesamsamen

MARINADE

3 EL Gochujang
3 EL Gochugaru
1½ EL Sojasauce
3 EL Soju oder Reiswein
1½ EL Reissirup
½ EL Ingwersaft oder
frisch geriebener Ingwer
60 ml Apfelsaft
1 EL pürierter Knoblauch

ZUBEREITUNG

Das Fleisch kurz in das Tiefkühlfach legen. So lässt es sich anschließend leichter schneiden. Das Fleisch herausnehmen und in mundgerechte Stücke schneiden. Die Karotte schälen, längs halbieren und diagonal in dünne Scheiben schneiden. Den Lauch ebenfalls längs halbieren und in feine Ringe schneiden. Alle Zutaten für die Marinade in einer Schüssel mischen. Das Fleisch mindestens 30 Minuten darin marinieren (je länger, desto besser). Etwas Öl in einer Pfanne erhitzen. Fleisch und Karotte darin braten, bis sie fast gar sind. Den Lauch dazugeben und 2 Minuten unter ständigem Rühren mitgaren. Mit Sesam garnieren und mit Reis servieren.

우엉구이

UEONG GUI

Gebackene Schwarzwurzeln

ZUTATEN

10 Schwarzwurzeln
neutraler Essig zum Einlegen
Pflanzenöl zum Braten

MARINADE

2 EL Gochujang
1 EL Gochugaru
1 EL Reissirup
1 TL pürierter Knoblauch
1 EL Apfelessig
1 TL Sesamöl

ZUBEREITUNG

Die Schwarzwurzeln waschen, schälen und die Spitzen entfernen. Eine große Schüssel mit Wasser und etwas Essig füllen. Die Schwarzwurzeln hineinlegen, um zu verhindern, dass sie sich verfärben. Dann mit einem Baumwolltuch trocken tupfen. Die Schwarzwurzeln mit einer Teigrolle zerdrücken, bis sie fast platt sind. Alle Zutaten für die Marinade in einer Schüssel vermischen. Die Schwarzwurzeln großzügig mit Marinade bestreichen. Eine Pfanne mit etwas Öl bei mittlerer Hitze erhitzen. Die Schwarzwurzeln darin braten, bis sie gar sind. Mit der restlichen Marinade bestreichen und servieren.

쌈무

SSAMMU

Gepökelter Kohlrabi

Ssammu *sind in dünne Scheiben geschnittene und gepökelte Steckrüben oder Radieschen, die als Wrap gegessen werden. In Korea sind sie eine typische Grillbeilage, wobei man Fleischstücke mit etwas Dip in ein Salat- oder* Ssammu-*Blatt wickelt. Dieses Rezept lässt sich wie* Danmuji *(siehe S. 148) zubereiten. Die Pökelzeit ist dann kürzer, sodass das Gericht bereits binnen weniger Stunden gegessen werden kann. Hier folgt eine alternative Zubereitung.*

ZUTATEN

2 Kohlrabi
1 EL Salz
2 EL Rohrzucker
2 EL weißer Reisessig

ZUBEREITUNG

Die harte Schale der Kohlrabi entfernen. Dann die Kohlrabi in 2 mm dicke Scheiben schneiden (z. B. mit einem Gemüsehobel). Kohlrabi, Salz, Rohrzucker und Reisessig in einen Gefrierbeutel geben und verschließen. Die Kohlrabischeiben 12 Stunden im Kühlschrank pökeln. Das Zucker-Essig-Verhältnis kann je nach Vorliebe variiert werden.

파절이

PAJORI

Lauchsalat

Wenn in Korea gegrillt wird, gibt es diesen Salat häufig als Beilage. Er schmeckt v. a. köstlich zum Bauchspeck. In Korea gibt es spezielles Schneidewerkzeug, mit dem die Frühlingszwiebeln leichter geschnitten werden können.

ZUTATEN

1 Lauch oder 4 Frühlingszwiebeln
½ EL Gochugaru
½ EL Sesamöl
½ EL geröstete Sesamsamen

OPTIONAL

½ EL Sojasauce
½ EL Essig
Zucker

ZUBEREITUNG

Die härteren, dunkelgrünen Teile des Lauchs entfernen. Dann den Lauch in feine, 7 cm lange Streifen schneiden. Gochugaru, Sesamöl und Sesam in einer Schüssel vermischen. Nach Belieben noch Sojasauce, Essig und etwas Zucker hinzufügen. Die Lauchstreifen erst dazugeben, bevor der Salat serviert werden soll (er wird sonst schnell welk).

시금치나물

SIGEUMCHI NAMUL

Blanchierter Spinat

Wilder Spinat wird erst geerntet, wenn das Blatt ausgewachsen ist. Wilder Spinat schmeckt intensiver als Baby-Blattspinat und schrumpft weniger beim Kochen. Perfekt für dieses Rezept!

ZUTATEN

350 g Wasser- oder wilder Blattspinat
1 TL geröstete Sesamsamen

MARINADE

1 EL Doenjang
½ EL pürierter Knoblauch
½ EL Sesamöl oder Perillaöl

ZUBEREITUNG

Die Stiele vom Spinat entfernen und die Blätter kurz in einem Topf mit kochendem Wasser blanchieren. Den Spinat mit einer Schaumkelle herausnehmen und im Eisbad oder mit eiskaltem Wasser abschrecken.
Die Blätter mithilfe eines Passiertuchs sanft ausdrücken und in 5 cm große Stücke schneiden.
Alle Zutaten für die Marinade in einer Schüssel mischen. Den Spinat dazugeben und servieren.

TIPP

Das Wasser vom Abschrecken auffangen und zum Wässern der Zimmer- oder Gartenpflanzen verwenden.

가지양념데침

GAJI YANGNYEOMDECHIM

Gedämpfte Aubergine

ZUTATEN

2 dünne, lange Auberginen (250 g)
Yangnyeomjang (siehe S. 31)
geröstete Sesamsamen zum Garnieren

ZUBEREITUNG

Die Auberginen waschen und putzen und in 4 cm breite Scheiben schneiden. Die Scheiben kreuzweise 2,5 cm tief einschneiden und in wenigen Minuten in einem Topf mit etwas Wasser bissfest garen. Herausnehmen und kurz abkühlen lassen. Yangnyeomjang in eine Schüssel geben. Die Seite mit dem Kreuz in die Schüssel tunken, umdrehen und auf eine flache Schale legen. Mit Sesam garnieren.

TIPP

Durch das Dämpfen bleibt der Geschmack der Auberginen ganz natürlich. Sie schmecken aber genauso köstlich, wenn man sie grillt.

무조림

MU JORIM

Gedämpfter Daikon-Rettich in Sojasauce

ZUTATEN

1 Daikon-Rettich (450 g)
375 ml Yuksu (siehe S. 28)
2 EL Sojasauce
2 EL Soju
½ EL Gochugaru
½ EL pürierter Knoblauch

ZUBEREITUNG

Den Daikon-Rettich schälen, längs halbieren und in 2 cm dicke Scheiben schneiden. Rettichscheiben, Yuksu, Sojasauce, Soju, Gochugaru und Knoblauch in einen Kochtopf geben. Alles kochen, bis der Rettich die ganze Flüssigkeit aufgenommen hat.

Park Chan Il

Das Restaurant „광화문 국밥" (*Gwanghwamun Gukbap*) ist v. a. für seine Spezialität *Gukbap* bekannt – und natürlich auch für *Naengmyeon*, eine kalte Nudelsuppe.
Diese Gerichte, die sich in der arbeitenden koreanischen Bevölkerung großer Beliebtheit erfreuen, werden in einem modernen, einfachen, aber stilvollen Rahmen serviert. *Gwanghwamun Gukbap* ist das Konzeptrestaurant von Park Chan Il, der nicht nur mein Mentor, sondern auch ein bekannter Chefkoch, einflussreicher Kolumnist und erfolgreicher Kochbuchautor ist.

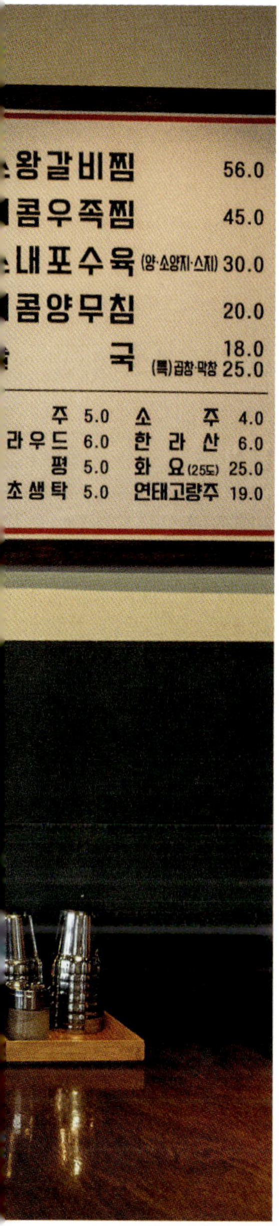

돼지국밥

DWAEJI GUKBAP

Reissuppe mit Schweinefleisch

ZUTATEN (FÜR 50 PORTIONEN)

½ Schweinerücken
3 kg Bauchspeck
10 kg Schweineschulter
Rippchen von 1 Schwein
1 Bund Frühlingszwiebeln
½ Chinakohl
2 große Zwiebeln
3 Knoblauchknollen
1 koreanischer Rettich
oder 2 Daikon-Rettiche
100 g Dashima

GARNIERUNG

1 Bund Frühlingszwiebeln
1 Bund Schnittlauch
gesalzene Garnelen (Saeujeot)

ZUBEREITUNG

Die Schweinerücken 1 Stunde in einer Schüssel mit kaltem Wasser einweichen. Das Wasser dabei regelmäßig austauschen, um Blutreste zu entfernen. Dann den Rücken 4–12 Stunden in einem großen Topf mit Wasser kochen.
Inzwischen Bauchspeck und Schweineschulter 1 Stunde in einer Schüssel mit kaltem Wasser einweichen. Die Rippchen in einer zweiten Schüssel 1 Stunde einweichen.
Frühlingszwiebeln, Chinakohl, Zwiebeln, Knoblauch und Rettich grob hacken. Gemüse, Dashima und Wasser in einen großen Topf geben und zum Kochen bringen. Das Fleisch dazugeben und alles 5 Minuten kochen. Dabei regelmäßig den Schaum abschöpfen.
Dann die Hitze reduzieren und alles bei mittlerer Hitze köcheln lassen, bis das Fleisch gar ist. Anschließend das Fett von der Oberfläche abschöpfen und das Gemüse herausnehmen.
Für die Garnierung die Frühlingszwiebeln waschen und putzen und in feine Ringe schneiden. Den Schnittlauch in 5 cm lange Stücke schneiden. Das Fleisch in 3 mm dicke Scheiben schneiden. Einen Teil auf einen Teller geben.
Das restliche Fleisch mit Frühlingszwiebeln und Schnittlauch in die Suppe geben. Mit Reis, zusätzlichem Fleisch und Saeujeot servieren.

꿀마늘

KUL MANEUL

Fermentierter Knoblauch in Honig

Knoblauch ist von Natur aus schon sehr gesund, aber dank der Fermentation noch gesünder, da die enthaltenen Probiotika aktiviert werden. Richtig fermentierter Knoblauch ist wie ein süßer Snack: Pur schmeckt er am besten.

ZUTATEN

250 g Knoblauchzehen
500 g veganer Honig oder Reissirup

ZUBEREITUNG

Die Knoblauchzehen schälen und die dunklen Spitzen entfernen.
Den Honig oder Reissirup in ein Glas füllen. Dann die Knoblauchzehen dazugeben. Die Größe des benötigten Glases hängt davon ab, wie viel Knoblauch fermentiert werden soll. Wichtig: Das Glas sollte höchstens zu zwei Drittel gefüllt werden. Nach einigen Tagen bilden sich Luftblasen, die anzeigen, dass der Fermentationsprozess begonnen hat. Das Glas täglich öffnen und die Mischung umrühren, sodass alle Zehen gleichmäßig mit Honig bedeckt sind. Nach etwa einer Woche wird der Höhepunkt erreicht, danach ebbt die Fermentation langsam ab: Der Honig ist verdünnt, die Bildung von Luftblasen gestoppt und die Zehen steigen an die Oberfläche. Bereits nach einem Monat ist der Knoblauch genussreif, doch je länger er steht, umso intensiver wird der Geschmack.

TIPP

Die Verwendungsmöglichkeiten sind vielfältig: So kann man fermentierten Knoblauch beispielsweise klein schneiden und in einem Salat verwenden oder zu etwas Bauchspeck genießen. Der fermentierte Honig oder Sirup ist eine beliebte Marinadezutat. Ich verwende ihn gerne als Zuckerersatz in einer Marinade für herzhafte Gerichte.

계란찜

GYERAN JJIM

Gedämpftes Ei

ZUTATEN

¼ Karotte
¼ Zucchini
1 Frühlingszwiebel
4 Eier
300 ml Yuksu (siehe S. 28)
1 TL Fischsauce
1 TL Salz

ZUBEREITUNG

Karotte und Zucchini in dünne, 2 mm dicke Scheiben schneiden. Die Frühlingszwiebel in feine Ringe schneiden.
Eier und Yuksu in einer Schüssel verquirlen und durch ein Sieb in andere Schüssel gießen. Für dieses Rezept einen koreanischen schwarzen Keramiktopf oder eine feuerfeste Glas- oder Keramikform mit 15 cm Durchmesser verwenden. Karotte, Zucchini, Frühlingszwiebel und Eier-Yuksu-Mischung in den koreanischen Topf geben und alles verrühren. Mit Fischsauce und Salz würzen. Den Deckel auflegen und alles bei schwacher Hitze 5–10 Minuten dämpfen.

TIPP

Salz und Fischsauce durch Saeujeot ersetzen. Die Eier-Mischung lässt sich auch in einem kleinen Kochtopf aufwärmen. Wichtig ist, während des Erhitzens ständig zu rühren.

연근튀각

YEONGEUN CHIPS

Lotuswurzelchips

ZUTATEN

1 Lotuswurzel
Pflanzenöl zum Frittieren
schwarzes Salz (Kala Namak) zum Garnieren

ZUBEREITUNG

Die Lotuswurzel schälen und mit einem Gemüsehobel in hauchdünne Scheiben schneiden. Die Scheiben auf ein sauberes Baumwolltuch legen und die Flüssigkeit abtropfen lassen.
Das Öl in einem Topf erhitzen und die Lotuschips darin goldgelb frittieren. Mit schwarzem Salz garniert servieren.

청암사 유미음식
Die Küche des Cheongamsa-Tempels

Die Küche und die Philosophie des *Cheongamsa*-Tempels erinnern an die Verbindung zwischen allen Lebewesen. Diese Lebenseinstellung sollte v. a. für unsere Zeit wieder mehr Bedeutung erlangen, die leider viel zu oft von Alltagsstress und einer schlechten Lebensweise mit einem übermäßigen Fleischkonsum geprägt ist. Da Essen eng mit unserem Herzen verbunden ist, ist es wichtig, mit Dankbarkeit zu essen. Essen ist zudem Nahrung für die Seele und eine Quelle des Wohlbefindens für den Körper. *Agada*, *âgata* bedeutet in Sanskrit „eine Medizin zur Heilung von Krankheiten, ein Leben in Gesundheit, ein Gegenmittel“.

Cheongamsa fördert eine reine Ernährung, die Magen und Darm nicht belastet sowie Körper und Geist durch die Ausscheidung schädlicher Gifte heilen soll. Wer diese Diät einhält, bringt zudem Buddha ein Opfer dar. Für die asketisch lebenden Mönche ist dabei der aufmerksame Bezug zur Tätigkeit des Kochens wichtiger als der Geschmack der Speisen.

Die *Payasa*-Küche, welche die Grundlage für die Tempelküche bildete, hat ihren Ursprung in der Geschichte von Sujata. Die Legende besagt, dass Buddha mit starken Gefühlen der Selbsterniedrigung zu kämpfen hatte. Mit großer Hingabe bereitete ihm daher das Mädchen Sujata *Payesam* zu (koreanisch: *yumijuk*, Milchreis) und servierte ihn Buddha. Das nahrhafte Gericht soll zu Buddhas Erleuchtung beigetragen haben.

21
22
23
9
10
11

연자죽

YEONJAJUK

Lotussamenbrei

ZUTATEN

100 g getrocknete Lotussamen
oder Pinienkerne
2 EL geröstete Sesamsamen
70 g Reis
Salz

BRÜHE

1 Lotusblüte und einige Lotusblätter
oder 4 Linden- oder Kamillenblüten
oder ½ TL gemahlene Kamillenblüten
800 ml Yachaeyuksu (siehe S. 28)

ZUBEREITUNG

Die Lotusblüte und Lotusblättern in eine große Schüssel geben, mit 300 ml heißem Wasser übergießen und 1 Stunde ziehen lassen und beiseitestellen. Oder Kamille- bzw. Lindenblüten in eine Schüssel geben und mit heißem Wasser übergießen. Das leicht verfärbte Kräuterwasser nach 5 Minuten durch ein Sieb in eine Schüssel abgießen und beiseitestellen.
Die Lotussamen putzen und 6 Stunden (besser über Nacht) in einer Schüssel mit Wasser einweichen. Das Wasser abießen. Die Samen halbieren und den bitteren Kern der Samen entfernen. Ersatzweise kann man auch Pinienkerne verwenden, die 30 Minuten in etwas Wasser eingeweicht wurden.
Lotussamen, Sesam und Lotusblütenwasser in der Küchenmaschine pürieren. Den Reis waschen, bis das Wasser klar ist. Dann den Reis und 500 ml Wasser in der Küchenmaschine ebenfalls fein pürieren.
Reiswasser und Yachaeyuksu in einen Topf geben und 20 Minuten bei schwacher Hitze unter ständigem Rühren kochen. Das Lotuspüree dazugeben und den Brei mit etwas Salz abschmecken.

연잎밥

YEONIEPBAP

Gedämpfter Reis im Lotusblatt

ZUTATEN

40 g rote Bohnen
Salz
400 g Bap (gekochter Klebreis, siehe S. 29)
5 Lotusblätter oder Bananenblätter
6 Maronen
18 Lotussamen (nach Belieben)
6 Daechu (Jujube-Früchte)

ZUBEREITUNG

Die Bohnen mit der dreifachen Wassermenge in einen Topf geben und 24 Stunden einweichen. Dann die Bohnen waschen, abtropfen lassen und mit 5 Tassen Wasser in einen Topf geben. Bei starker Hitze 10 Minuten kochen. Die Hitze reduzieren und die Bohnen bei schwacher Hitze köcheln lassen. Mit Salz abschmecken und köcheln lassen, bis die Bohnen gar sind. Wichtig: Die Bohnen dürfen dabei nicht aufbrechen. Die Bohnen abseihen, das Kochwasser auffangen und zum Reiskochen verwenden. Die Bohnen beiseitestellen.

REIS

Den Reis 30 Minuten in einer Schüssel mit Wasser einweichen, dann abschütten. Ein Lotusblatt auf einem Dampfkorb ausbreiten und darauf ein feuchtes Baumwolltuch legen. Den Reis auf dem Tuch verteilen und 30 Minuten dämpfen. Das Bohnenwasser mit etwas Salz und gedämpftem Reis vermengen.
Die Maronen schälen und in feine Scheiben schneiden. 12 Scheiben für die Garnierung beiseitestellen und die restlichen für den Reis verwenden. Die Lotussamen nach Belieben halbieren und den Kern entfernen. 12 Lotussamen für die Garnierung beiseitestellen und die restlichen für den Reis verwenden. Die Kerne der Jujube (Daechu) entfernen, die Früchte zerquetschen, rollen und dann in Stücke schneiden. 12 Stücke für die Garnierung beiseitestellen und die restlichen für den Reis verwenden. Den Reisbrei mit roten Bohnen, Maronen, Lotussamen (nach Belieben) und Jujube vermengen und 5 Minuten bei schwacher Hitze garen.
Das Lotusblatt mit kaltem Wasser waschen und in 3 gleich große Teile schneiden. Einen Teil der Reismischung auf den 3 Stücken verteilen und mit den beiseitegestellten Toppings garnieren. Dann jeweils eine Seite nach innen klappen und das Blatt aufrollen. Mit den anderen Lotusblättern ebenso verfahren.
Die Lotus-Reis-Päckchen noch einmal 40 Minuten dämpfen. Warm servieren.

연근김치

YEONGEUN KIMCHI

Lotus-Kimchi

ZUTATEN

2 Lotuswurzeln
Salz
2 rote Paprikaschoten
2 grüne Paprikaschoten
1 Birne (nach Belieben)
¼ Daikon-Rettich
1 TL Zucker

MARINADE

1 Birne
25 g Ingwer
8 rote Paprikaschoten
10 getrocknete rote Chilischoten
300 ml veganer Yuksu (siehe S. 28)
500 ml Pul (siehe S. 29)
2 EL Sojasauce
Salz

ZUBEREITUNG

Die Lotuswurzeln schälen, in 2 x 2 cm große Würfel schneiden. Die Lotuswurzelwürfel in einem Topf mit kochendem Wasser und etwas Salz blanchieren. Anschließend die Würfel in einem Sieb abtropfen lassen. Paprika und Birne (nach Belieben) ebenfalls in 2 x 2 cm große Würfel schneiden. Den Daikon-Rettich würfeln und mit dem Zucker in einer Schüssel vermengen.
Alle Zutaten für die Marinade in eine Küchenmaschine geben und fein pürieren. Lotuswurzel, Paprika, Birne (nach Belieben) und Daikon-Rettich mit der Marinade in einer Schüssel vermischen. Nach Bedarf mit Sojasauce und Salz abschmecken.

도토리묵무침

DOTORIMUK MUCHIM

Eichelstärkesalat

ZUTATEN

250 g Eichelstärke
Salz
Sesamöl zum Einfetten
2 Stängel Portulak
¼ Karotte
1 Schwarzwurzel
¼ Salatgurke
2 Maronen
3 Daechu (Jujube-Früchte)

MARINADE

5 EL Sojasauce
½ EL Gochugaru
1 EL Reissirup
½ EL Sesamöl
½ EL geröstete Sesamsamen

ZUBEREITUNG

Stärke, 1,25 l Wasser und etwas Salz in einen Topf geben. Mit einem Schneebesen verrühren und anschließend 30 Minuten ruhen lassen.
Das Stärkewasser erhitzen und dabei regelmäßig umrühren. Wenn der Siedepunkt erreicht ist und sich Luftblasen bilden, die Hitze reduzieren. Weitere 10 Minuten rühren, bis die Mischung glasig wird.
Den Topf vom Herd nehmen und die Masse abgedeckt etwas ruhen lassen. Inzwischen eine Schüssel (das Gelee sollte später darin 3 cm hoch stehen) mit etwas Sesamöl einfetten. Die Stärkemasse gleichmäßig auf dem Boden der Schüssel verteilen und 2 Stunden vollständig abkühlen lassen.
Die Blätter von den Portulakstängeln abzupfen. Karotte, Schwarzwurzel und Salatgurke schälen und waschen. Das Gemüse in einem Topf mit heißem Wasser kurz blanchieren. Dann Karotte, Schwarzwurzel und Salatgurke in feine Streifen schneiden. Maronen und Daechu in 4 cm lange und 2 mm dünne Stifte schneiden. Das kalte Gelee auf ein Schneidebrett stürzen und in 2 x 4 cm große und 1 cm dicke Stücke schneiden. Die Stücke in eine andere Schüssel geben.
Alle Zutaten für die Marinade in einer kleinen Schüssel verrühren und über die Geleestücke geben. Die Portulakblätter, Gemüsestreifen, Maronen- und Daechu-Stifte einzeln neben den Geleestücken in der Schüssel anrichten und alles servieren.

Ich möchte mich bedanken bei:

Moë, meiner großen Liebe;
Frederik Sioen für deine Unterstützung, Liebe, Begeisterung und nicht nachlassende positive Einstellung;
Go Youngjoo für deine warme Freundschaft und Gastfreundschaft. Du bist mein großes Vorbild;
Park Chan Il für deine Weisheit, Großzügigkeit, Hingabe, freundschaftliche Wärme und Bereitschaft zu teilen;
Kim Zinho dafür, dass du immer da warst und mit Hingabe, Professionalität und Unbefangenheit deine Arbeit erledigt hast;
Jang Bo Hyun für deine Kreativität, Einsatz, Feinfühligkeit und Ästhetik;
Kim Kyung Min für das tolle Styling und den Feinschliff;
Yolanta C. Siu für deinen starken Drive und die Fokussierung und deine inspirierende Persönlichkeit;
Lee Gil Woo für den warmen Empfang, deine Leidenschaft und inspirierende Sicht auf Ernährung und Leben;
Kim Seo Young für die Zubereitung der köstlichsten Mahlzeit und diese mit so viel Liebe zu teilen;
Go Eunjeong für dein Wissen, deine Vision, deine Hilfe und die leckeren, reinen Gerichte;
Ha Mi Hyun für einen wunderbaren Abend; ich freue mich schon auf zukünftige Treffen;
Marcelo Ballardin für deine Begeisterung und Zeit;
Prof. Sarah Lebeer für die leidenschaftliche Zusammenarbeit und den warmen Empfang;
WIKIM für die Unterstützung, den überwältigenden Einsatz und das Teilen von Wissen;
Park Ki Soon für die Inspiration, das Wissen und die leckeren Kaki-Früchte;
Nampa-Clan für einen gedenkwürdigen Tag mit der ganzen Familie;
Cheongamsa für den warmen Empfang, die freundschaftliche Atmosphäre und das reine Essen;
Lee Seok Ha für deine Arbeit, deinen Einsatz und Kraft;
Yun Yeongseop dafür, mein rettender Engel zu sein; ohne dich wäre ich des Öfteren ratlos gewesen;
Hideko Nakagawa dafür, mich mit inspirierenden Menschen in Kontakt zu bringen und mir deine Welt zu zeigen, in der ich gerne verweile;
Clara Dep für deine Übersetzungshilfe und deine ansteckende Leidenschaft für Korea;
Jill Mathieu dafür, mit Worten zu zaubern;
Choi Song In für deine einzigartige, erfrischende Persönlichkeit und warme Freundschaft;
Jason Kim dafür, dass du deine unnachahmliche Leidenschaft für die koreanische Küche mit mir geteilt hast – much appreciated bro!
Caroline Kesteleyn für deine schönen Keramiken;
Karen Vermeersch, Roxane und Lucia De Cauter für die tolle Komparsenarbeit;
Sarah Gevaert für deine Gastfreundschaft am schönsten Bauernhof Flanderns;
Ward Spruyt dafür, dass du mich mit deinem Interesse und deiner Liebe für die koreanische Küche angesteckt hast;
De Wassende Maan dafür, dass ihr mir gezeigt habt, wie schön das Leben doch sein kann, und für das köstliche Gemüse;
Uitgeverij Lannoo, meinem Verlag, und der Designerin Katrien Van De Steene für eine effektive und angenehme Zusammenarbeit; hoffentlich auf ein nächstes Mal!
Und allen, die ihre Freundschaft mit mir teilen und denen ich zugetan bin, ihr wisst schon …

www.mokja.be

MOKJA! 먹자! LET'S EAT!
Ae Jin Huys' koreanische Küche ist per Catering, bei Workshops und Pop-ups buchbar.

Die Originalausgabe erschien 2019 bei Uitgeverij Lannoo unter dem Titel *Kimchi. Gezond koken met gefermenteerde groenten.*

www.lannoo.com

TEXT: Ae Jin Huys
FOTOGRAFIE: Kim Jin Ho und Yolanta Chung Sze Siu
FOODSTYLING: Jang Bo Hyun
LAYOUT: Katrien Van De Steene – Whitespray, Ae Jin Huys

3. Auflage 2026
in der Penguin Random House Verlagsgruppe GmbH
Neumarkter Straße 28
81673 München
produktsicherheit@penguinrandomhouse.de
(Vorstehende Angaben sind zugleich Pflichtinformationen nach GPSR.)

PROJEKTLEITUNG: Julie Kiefer
ÜBERSETZUNG AUS DEM NIEDERLÄNDISCHEN: bookwerk GbR, Gerrit J. ten Bloemenda
LEKTORAT UND SATZ: bookwise medienproduktion GmbH, München
HERSTELLUNG: Luisa Klose
DRUCK: UAB BALTO print

FSC MIX Papier | Fördert gute Waldnutzung FSC® C107574

Penguin Random House Verlagsgruppe FSC® N001967

Gedruckt in Litauen

ISBN 978-3-7913-8851-9

www.prestel.de